Miranda J. Fox

Zuckersüßes Chaos

Teil 1

Roman

1. Auflage 2014

Cover
Alexander Kopainski

Korrektorat
Claudia Buck

ISBN-13: **978-1496041760**
ISBN-10: **1496041763**

Website
http://www.mirandajfox.com/

Kapitel 1

»Und? Wie war dein erster Tag?«, fragte Vicky und setzte sich mir gegenüber. Ihr seidenblondes Haar fiel in welligen Strähnen von den Schultern und ihr knallroter Lippenstift lächelte mich an. Vicky war der Traum aller Männer.
Dunkelgrüne unergründliche Augen, volle weiche Lippen, ein zierlicher Körper und süße Pausbäckchen. Seit ich sie kannte, liefen ihr die Männer scharenweise hinterher und Vicky? Nun ja, Vicky empfing sie stets mit offenen ... äh Armen. Ich biss von meinem selbst belegten Brot ab und grinste.
»So wie du das sagst, klingt es, als hätte ich gerade meinen ersten Grundschultag hinter mir.«
»Grundschule, Uni, ist doch kein Unterschied«, sagte sie mit einer wegwerfenden Handbewegung. Victoria war meine Cousine väterlicherseits und Eigentümerin meines neuen Wohnsitzes.

Als ich mich für das Studium entschieden hatte, war ich zu ihr in die Nachbarstadt gezogen und konnte ab sofort einen kleinen Teil ihres Palastes mein Eigen nennen.

Mein Onkel und meine Tante waren sehr vermögend und hatten ihrer Tochter zur *Einschulung* einfach mal so ein Haus mitsamt Grundstück geschenkt – wobei Haus beinahe untertrieben war. Für mich hatte das weiße Gebäude mit seinen unzähligen Verwinkelungen und märchenhaften Fenstern eher etwas Villenhaftes.

Meine Cousine hatte mir angeboten, unentgeltlich bei ihr zu wohnen, aber ich hatte darauf bestanden, ihr einen angemessenen monatlichen Betrag zu zahlen - womit sie anfangs überhaupt nicht einverstanden war. Als ich jedoch damit drohte, das Geld notfalls in den Blumenkübeln zu verstecken, hatte sie schließlich eingelenkt.

Ich wusste, dass es ihr unangenehm war, von mir Geld zu nehmen, schließlich kannte sie so etwas wie Geldnot nicht, doch ich konnte es einfach nicht mit meinem Gewissen vereinbaren, auf ihre Kosten zu leben. Denn Strom,

Lebensmittel und Reparaturkosten mussten ja schließlich auch übernommen werden.
Vicky und ich hatten uns schon von klein auf super verstanden und da wir nur einen Bundesstaat voneinander entfernt wohnten, waren wir auch immer in Kontakt geblieben und trafen uns etwa alle zwei Monate, um auszugehen oder einen Mädelsabend zu machen. Der Entschluss, Geschichte zu studieren, war eher spontan gewesen, weshalb ich mehr als froh war, überhaupt noch einen Platz an der Uni bekommen zu haben.
Ich wurde allerdings den Eindruck nicht los, dass Onkel John heimlich hinter der Kulisse Fäden gezogen hatte, denn er förderte eine Menge schulische Einrichtungen und pflegte deshalb viele Kontakte.
Vor zwei Wochen war ich mit meinem Hab und Gut umgezogen und hatte mir von Vicky die zentralen Plätze der Stadt zeigen lassen – wobei diese mehr Landschaft als Stadt war. Die Einkaufszentren und Bars kannte ich natürlich schon, aber das ganze Grün hatte ich an den Partywochenenden nie richtig genießen können.

Jetzt, da ich hier wohnte, würde ich den Grünanlagen und Wäldern definitiv mehr Aufmerksamkeit schenken. Ich war noch einmal nach Hause zurückgefahren, hatte den ganzen Papierkram erledigt und mich von meinen Freunden und Eltern verabschiedet und seit drei Tagen wohnte ich offiziell hier.

Jetzt, da Vicky es ansprach, fühlte ich mich tatsächlich an den ersten Schultag erinnert. Man kannte niemanden, wusste nicht, wo welcher Saal lag, verlor auf dem großen Gelände die Orientierung und fühlte sich bei jedem Schritt beobachtet – zumindest ging es mir so.

Ich wartete nur darauf, dass jemand mit dem Finger auf mich zeigte und *Frischfleisch* rief. Doch eh ich mich weiter in meine Gedanken verfangen konnte, fragte Vicky:

»Pünktlich zum Semesteranfang steigt heute Abend eine Party. Bist du dabei?« Sie griff nach dem Buch, das ich mir aus der Bibliothek ausgeliehen hatte und blätterte lustlos darin herum. Ich schüttelte den Kopf.

»Das Semester hat gerade erst angefangen und du willst schon feiern?« Sie schlug das Buch zu und sah mich an, als hätte ich etwas Abartiges gesagt.

»Hallohoo! Semesteranfang? Einführungsparty? Von welchem Planeten kommst du denn bitte?« Ich nahm ihr das Buch aus der Hand und verstaute es in meiner Tasche.

»Ja, aber finden die Einführungsparties nicht auf dem Unigelände statt?«

»Na klar und dann stoßen wir mit unseren Professoren auf einen Sekt an und machen Ringeltanzen«, antwortete sie augenverdrehend.

»Ich meinte eine Party für Erwachsene, Claire! Außerdem ist das die Gelegenheit für dich, neue Leute kennenzulernen. Und wir alle wissen, dass unterrichtsmäßig in den ersten Wochen eh nicht viel los sein wird.« Sie erhob sich.

»Also, kann ich heute Abend mit dir rechnen?«

»Ich überleg's mir«, sagte ich und biss von meinem Brot ab.

»Gut, ich hol dich nachher ab«, sagte sie und schlenderte davon. Stirnrunzelnd sah ich ihr nach. Ich hatte nicht *Ja* gesagt! Kopfschüttelnd widmete ich mich meinem Mittagessen und dachte an die Male zurück, die Vicky und ich zusammen ausgegangen waren. Vicky war wirklich eine Partyqueen mit Leib und Seel. Ich kannte niemanden, der so leidenschaftlich an die Kleider– und MakeUp-Auswahl heranging wie sie. Sie brachte es sogar fertig, extra zum Friseur und Kosmetiker zu gehen – nur für eine Party! Und ja, diese Frau konnte feiern. Ich ging sogar soweit, zu behaupten, dass Vicky partysüchtig war.

***

Wer sonst konnte drei Tage lang durchzechen und sich gleich darauf für das nächste Wochenende verabreden? Ich war keineswegs eine Spaßbremse und hatte auch nichts dagegen, mich unter Leute zu mischen, aber wenn ich feiern ging, genügte es mir dann auch erst einmal für die nächsten Wochen.

Während ich mein Brot verdrückte, sah ich mich in der Mensa um. Die Wände waren cremefarben und der Boden aus wunderschönem dunklen Parkett. Große Tische füllten den Raum aus, geschmückt von dunklen gemütlichen Stühlen und Sitzbänken.

Das war definitiv keine herkömmliche Mensa, hier steckte eine Menge Geld drin – genau wie im Rest der Uni. Kam es mir übrigens nur so vor oder war ich die einzige, die sich ihre Brote noch selbst schmierte? Wo ich auch hinsah, stachen mir Fastfood-Tüten, Kantinenessen und Fertiggerichte ins Auge.

Wo blieb denn die Begeisterung für die gute alte Stulle? Es lag nicht einmal daran, dass ich mir kein anderes Essen leisten konnte. Meine Eltern hatten mir sogar angeboten, mich zu sponsern, doch ich hatte dankend abgelehnt. Da ich nun nicht mehr bei ihnen wohnte, wollte ich auf eigenen Beinen stehen und mir meine - Achtung Wortspiel - Brötchen selbst verdienen.

Ich lebte zwar noch von meinen Ersparnissen, die ich in den letzten vier Jahren angesammelt hatte, doch schon übermorgen würde ich meinen ersten Arbeitstag antreten und dann würde ich endgültig unabhängig sein - naja fast. Ich besaß dann zwar noch keine eigene Wohnung, aber ich war zumindest unabhängig von meinen Eltern.

Nach dem Mittagessen ließ ich mich im gemütlichen Aufenthaltsraum auf ein Sofa nieder und las in meiner Geschichtslektüre. Eigentlich hatte ich das schon vor Semesterbeginn machen wollen, um mich vorab in die Materie einzuarbeiten, aber der Umzug war dann doch so stressig gewesen, dass ich erst gestern dazu gekommen war.

Zweieinhalb Stunden später klappte ich das Buch zu und machte mich auf den Heimweg.

Kapitel 2

Das Unigelände war in mehrere Gebäude aufgeteilt, welche unterschiedliche Studiengänge lehrten. Eine großflächige Wiese trennte die Gebäude voneinander und war von alten Steinwegen bepflastert, welche die Grünanlage wie dicke Adern durchzogen. Ich ließ mir Zeit, um zum Bus zu laufen und genoss die angenehme Brise auf der Haut.

In einem Monat würde es wärmer werden und sobald die ersten Sonnenstrahlen aus den Wolken brachen, würde ich mich auf die Wiese setzen, Sonne tanken und in meinen Büchern lesen.

Leise vor mich hin summend, schlenderte ich am Uni-Sportplatz vorbei, auf dem eine Truppe Footballspieler trainierte. Ich blieb eine Weile am Zaun stehen und sah dabei zu, wie sie sich gegenseitig über das Feld jagten und umwarfen.

Ich mochte Sport und hatte in Grundschulzeiten noch sehr intensiv trainiert, doch mit dem Alter hatte ich immer weniger Zeit dafür gefunden und schließlich ganz aufgehört.

Ich bewunderte die Menschen, die zur Schule gingen, zwei Nebenjobs hatten und immer noch Zeit für regelmäßigen Sport fanden.

Ich wünschte, ich wäre auch so diszipliniert, doch meine Leidenschaft gehörte schon seit Jahren den Büchern. Während andere stundenlang auf dem Laufband verbrachten, konnte ich den lieben langen

Tag zwischen den Buchseiten kleben, nur um morgens früher aufzustehen und direkt weiterzulesen.

Und weil es immer wieder neue Bücher geben würde, drohte mein Hobby auch nie langweilig zu werden.

Hach, wenn mein Körper doch nur so schnell Kalorien verbrennen würde, wie ich lesen konnte, dann wäre ich wahrscheinlich gertenschlank oder magersüchtig.

Meinen Weg fortsetzend, wich ich zwei jungen Männern aus, die mit eiligen Schritten auf mich zukamen.

Ich lächelte noch in mich hinein, weil sie ihren Gesichtern nach wohl gerade dabei waren, eine Lesung zu verpassen, als jemand *Achtung* rief und die Welt kippte.

***

Das erste, was ich sah, als ich die Augen öffnete, waren zwei himmelblaue Augen. Ich blinzelte, versuchte mich zu erinnern, wie ich auf den Boden gekommen war und machte Anstalten, mich aufrichten, doch jemand legte mir eine Hand auf den Bauch und drückte mich auf den Boden zurück.

»Am besten, du bleibst noch einen Moment liegen«, schlug derjenige vor. Ich blinzelte erneut, dann sah ich den dazugehörigen Rest dieser faszinierenden Augen. Mein Gegenüber hatte blondes Haar, welches wirr in alle Himmelsrichtungen abstand. Seine Gesichtszüge waren weich, aber dennoch männlich.

Er hatte einen schönen geschwungenen Mund und kleine Grübchen, aber das Faszinierendste an ihm waren seine strahlendblauen Augen.

»Geht's wieder?«, fragte er und betastete meine linke Schläfe, woraufhin ein stechender Schmerz durch meinen Kopf jagte. Ich zuckte zusammen und sog die

Luft zwischen den Zähnen ein, nickte aber.

»Okay«, sagte er und half mir langsam auf, wobei ich mich an seinen Armen festklammern musste. Als ich wieder festen Boden unter den Füßen hatte und sicher war, eigenständig stehen zu können, ließ ich ihn los und betastete vorsichtig meine Schläfe.

Eine kleine Menschenmenge aus Studenten und Footballspielern hatte sich um uns versammelt und starrten mich an, als wäre ich eine neue Zooattraktion. Offenbar war ich gerade K.O. gegangen, was mich zu der Frage brachte:

»Was ist passiert?«

»Hey, tut mir leid. Ich hab nicht aufgepasst und direkt in deine Richtung geworfen«, antwortete ein hochgewachsener Schwarzer und nahm seinen Footballhelm ab. Ich wollte ihm gerade versichern, dass nichts weiter passiert war, doch der Blonde kam mir zuvor.

»Erzähl keinen Quatsch, Michael, wenn, dann ist es meine Schuld.« An mich gewandt, sagte er:

»Ich wollte den Ball auffangen, der über den Zaun geflogen ist, hab dabei nach hinten ausgeholt und dich direkt an der Schläfe getroffen.« Ah, er war einer der Kerle, die an mir vorbeigelaufen sind und denen ich ausgewichen bin, begriff ich. Ich machte eine wegwerfende Handbewegung.

»Alles halb so wild. Mir geht's gut.« Er nickte, dann sagte er an die Menge gewandt.

»Ihr habt's gehört, Leute. Nichts passiert. Ihr könnt abziehen.« Und das taten sie auch laut murmelnd, wobei ich mir einbildete, in einigen Gesichtern so etwas wie Enttäuschung zu sehen. Offenbar hatte manch einer etwas Spektakuläreres erwartet, wie etwa ein blutüberströmtes Gesicht oder abgetrennte Gliedmaßen. Tut mir leid, Leute, aber damit kann ich heute leider nicht dienen! Michael entschuldigte sich noch einmal bei mir, wobei er mir so fest auf die Schulter klopfte, dass ich beinahe im Erdboden versank und lief dann wieder auf den Platz. Ich wandte mich an den Blonden.

»Und ich dachte schon, mein erster Tag würde langweilig werden«, sagte ich. Er fasste sich verlegen an den Hinterkopf und lachte, wobei er eine Reihe strahlend weißer Zähne entblößte.

»Oh Mann, tut mir wirklich leid. Ich hoffe, du hast jetzt kein Trauma oder so was.« Ich bückte mich vorsichtig nach meiner Tasche, die ich fallen gelassen hatte und sah aus den Augenwinkeln, wie er mich eingehend musterte. Als ich mich aufrichtete und zu ihm aufschaute, sah er mir wieder ins Gesicht.

»Ich hab schon Schlimmeres erlebt, glaub mir.«

»Ich bin übrigens Taylor«, sagte er und reichte mir die Hand.

»Claire«, antwortete ich und erwiderte die Geste. Dann warf ich mir die Tasche über die Schultern und sah unschlüssig zu ihm auf. Ich wollte nicht unhöflich erscheinen, aber ich musste noch einkaufen und bevor ich zur Party ging, wollte ich meine Schulsachen und Bücher in die Regale sortieren – ich hatte es bis aufs Letzte aufgeschoben.

»Also dann, ich muss jetzt leider los, sonst verpasse ich noch meinen Bus. Danke für ... fürs Aufheben«, sagte ich und brachte ihn erneut zum Lachen.

»Hey Taylor, wir kommen zu spät zur Vorlesung«, rief sein Kumpel vom Zaun her. Er hatte sich in der Zwischenzeit mit einem der Spieler unterhalten und kam nun auf uns zu. Jetzt war ich es, die die Gelegenheit nutzte und Taylor einer eingehenden Musterung unterzog. Er war groß, locker gekleidet und athletisch gebaut. Er war dieser Typ Mann, den man gerne seinen Eltern vorstellte: Charmant, eine verträgliche Prise selbstbewusst und anständig - zumindest machte er den Eindruck.

Er war der Typ Mann, dem die Frauen im Teenager- sowie Erwachsenenalter scharenweise hinterherrannten … und verdammt, er war genau mein Typ! Zu schade nur, dass ich weder mit langen blonden Haaren noch einem zierlichen Körper dienen konnte, denn genau so stellte ich mir seine bevorzugte Beute vor.

Nicht, dass ich mich hässlich oder dick fand, doch ich konnte auch nichts an mir finden, was mich sonderlich begehrenswert machte. Ich war auch kein Riese, aber ein paar Zentimeter kleiner hätte ich mich schon gewünscht. In solchen Momenten beneidete ich Vicky, die genau das alles verkörperte.

»Schaffst du es alleine zum Bus oder soll ich dich begleiten?«, fragte Taylor völlig unerwartet und riss mich aus meinen Gedanken.

»Ähm.« Ich wusste nicht, ob er die Frage ernst meinte oder sich über mich lustig machen wollte, deshalb antwortete ich so neutral wie möglich.

»Ich glaube, zum Bus schaffe ich es allein.«

»Alles klar, vielleicht sieht man sich ja mal.« Damit drehte er sich um und lief mit seinem Kumpel davon. Ich starrte ihm nach. Vielleicht sieht man sich ja mal? Junge, sobald du den Hörsaal betreten hast, hast du mich doch eh wieder vergessen!

Kapitel 3

Zu Hause angekommen, räumte ich als erstes den Einkauf in die Küche, wobei diese Anreihung an Luxusgeräten schon gar nicht mehr als solche bezeichnet werden durfte. Wie wohlhabend mein Onkel und meine Tante wirklich waren, wurde einem erst richtig klar, wenn man Vickys Haus betrat. Teure Designermöbel, luxuriöse Einrichtung und selbst Boden und Wände waren aus den edelsten Materialien gefertigt.

Irgendwann, so etwa in zweihundert Jahren, würde ich mir sicher auch so ein Haus leisten können.

In Vickys Wohnung, so hatte sie mich schon vorgewarnt, herrschte am Wochenende ziemlich reger Verkehr. Was einerseits daran lag, dass sie wirklich viele Freunde hatte, deshalb auch ständig jemand zu Besuch war und weil sie nichts lieber tat, ihr Haus als Party-Bude herzugeben – weswegen sie wohl überhaupt so viele Freunde hatte. Außerdem konnte es schon mal vorkommen, dass die ein oder andere

Person bei ihr nächtigte. Sollte es sich dabei um einen Mann handeln, so brauchte ich mir keine Gedanken machen, denn die waren für gewöhnlich nach ein, zwei Tagen wieder weg. Ab und an lud sie aber auch entfernte Freunde ein, die hier auch schon mal ein Wochenende übernachteten. Alles kein Problem, hatte ich ihr versichert, solange ich mein eigenes Zimmer mit meinem eigenen Schlüssel bekam.

Nachdem ich die Lebensmittel verstaut hatte, nahm ich mir einen Pudding und ließ mich auf der großflächigen Wohnzimmercouch nieder.

Sie war einmal sehr teuer gewesen, doch man sah ihr die unzähligen Partys, die hier gehalten wurden an.

So oft wie hier Besuch kam, machte es für Vicky aber wahrscheinlich keinen Sinn, sich eine neue anzuschaffen und solange ich keine fragwürdigen Flecken darauf fand, konnte ich ein bisschen schmuddelig ertragen.

Pudding schlemmend schaltete ich durch das Programm und stampfte zwanzig Minuten später in mein Zimmer hinauf, um die Bücher einzuräumen. Als es allmählich dunkel wurde und Vicky sich immer noch nicht gemeldet hatte, wurde ich skeptisch und rief sie an. Sie nahm beim dritten Klingeln ab:

»Was gibt's, Cousinchen?«, rief sie ins Telefon, wobei man im Hintergrund lautstarke Musik und Stimmen vernehmen konnte.

»Du bist schon da?«, fragte ich und musste ebenfalls die Stimme erheben.

»Ich dachte, wir fahren zusammen hin?«, fragte ich verwirrt.

»Ich hab dir doch geschrieben, dass ich direkt nach der Uni dorthin fahre.« Sie schrie so laut, dass ich den Hörer von meinem Ohr halten musste. *Klar. Stell dich doch noch ein bisschen näher an die Boxen!,* dachte ich kopfschüttelnd.

»Hm, muss ich wohl übersehen haben«, sagte ich laut, was durchaus stimmen konnte. Seit ich mir nämlich *What's App* installiert hatte, piepte mein Handy so oft auf, dass ich den Ton auf Lautlos gestellt hatte und die Nachrichten nur noch selten aufrief. Es war also sehr wahrscheinlich, dass ich ihre Botschaft nicht gelesen hatte. Ich erhob mich vom Boden und schob die letzte Kiste unters Bett. Ich würde den Rest einfach morgen einräumen.

»Gut, dann komme ich eben nach. Ist es weit oder kann ich das Auto zu Hause lassen?«, fragte ich.

So gern ich meinen alten Volvo auch fuhr, aber er schluckte Unmengen an Benzin und solange ich kein festes Einkommen hatte, wollte ich so selten wie möglich damit fahren.

»Eigentlich nicht. Der Bus hält direkt am Waldrand und von dort aus sind es etwa zwanzig Minuten bis zum Strand.« Sie erklärte mir, mit welchem Bus ich fahren musste und dass ich sie anklingeln sollte, sobald ich in den Bus eingestiegen war. Sie würde mich dann abholen.

»Alles klar, bis gleich.« Ich legte auf, band meine Haare zu einem unordentlichen Dutt, warf mir eine Strickjacke über und verließ die Wohnung.

Unten angekommen, schloss ich die Haustür ab und strich im Vorbeigehen über das Dach meines roten Volvos. Meine Eltern hatten ihn mir zum Abi-Abschluss geschenkt und ja, er hatte seine Macken.

Doch ich liebte den Geruch der alten Ledersitze und das Gefühl, wenn er sich ruckelnd in Bewegung setzte.

»Bald, mein Schatz«, flüsterte ich ihm sehnsüchtig zu.
»Bald.«

***

Wie besprochen, wartete Vicky am Waldrand auf mich und zusammen machten wir uns auf den Weg zum Strand.
»Zum Glück hast du mich abgeholt«, sagte ich unwohl, während wir durch den finsteren Wald schritten.
»Alleine wäre ich hier bestimmt nicht durchgelaufen.« Sie lachte, hakte sich bei mir ein und stempelte mich als Angsthase ab. War ich gar nicht, ich mochte die Dunkelheit sogar - außer in meinem Zimmer, da schlichen immer irgendwelche gruseligen Dinge umher - doch dieser Wald hatte etwas Einschüchterndes, Schummeriges an sich. Als wir uns dem Strand näherten, hörte ich rumsende Musik, die mit jedem Schritt lauter wurde. Orangenes Licht flackerte zwischen den Baumstämmen hindurch und weißer Rauch stieg über dem Himmel auf - wir waren da.
»Ist da ein großes Feuer überhaupt erlaubt?«, fragte ich skeptisch, als wir aus

dem Wald traten und in der Mitte des weißen Strandes ein riesengroßes Lagerfeuer vorfanden. Vicky verdrehte nur die Augen und führte mich kommentarlos durch die Menschengruppen, die sich am ganzen Strand verteilt hatten.

Einige saßen dicht am Feuer und grillten Marshmallows und tranken Bier, andere planschten mit und ohne Bekleidung im dunklen Wasser herum und wiederum andere hatten sich um einen Pickup versammelt, der als DJ-Pult umgebaut worden war und hämmernde Musik von sich gab.

»Leute, das ist meine Cousine, Claire«, sagte Vicky, als sie mich zu einer kleinen Gruppe geführt hatte.

»Sie ist letzte Woche zu mir gezogen und studiert Geschichte.« Die Umstehenden winkten mir freundlich zu, doch meine Cousine war noch nicht fertig:

»Sie hegt eine natürliche Abneigung gegenüber Makeup und aufreizenden Kleidern, mag keine Schnulzenfilme und verkriecht sich am liebsten in ihren Büchern.

Das macht sie aber nicht weniger süß, oder?« Damit gab sie mir einen feuchten

Kuss auf die Wange und ich erntete leises Lachen.

»Danke für die tiefen Blicke in meine Privatsphäre. Ich bin sicher, ich kann mich später dafür revanchieren«, sagte ich teuflisch grinsend, woraufhin das Gelächter lauter wurde.

»Kein Grund, sich zu schämen«, meinte sie mit einer wegwerfenden Geste und sah in die Runde.

»Pass auf. Das ist Lynn«, begann sie und deutete auf eine hübsche Asiatin, rechts von mir.

»Obwohl man es ihr nicht ansieht, ist sie ein Vielfraß, wobei sie von zu viel Schokolade Pickel bekommt. Zudem hat sie Angst vor Hamstern und ein menschengroßes George Clooney-Poster an der Wand hängen.« Lynn machte einen beschämt lächelnden Hofknicks.

»Ihr Lover«, fuhr Vicky fort und deutete auf einen breitschultrigen Schwarzhaarigen, der die Asiatin in den Armen hielt, »heißt Bryan. Er ist ein Fitness-Junkie, süchtig nach Nachos und er hat alle Twilight-Filme zu Hause.«

Sie deutete auf den Braunhaarigen neben Bryan.

»Okay. Kann ihr mal jemand den Mund stopfen?«, fiel er ihr ins Wort, bevor sie etwas sagen konnte. Lynn fackelte nicht lange und legte Vicky prompt eine Hand auf den Mund, wobei sie sich lachend rauften. Der, der gesprochen hatte, hielt mir die Hand hin.

»Ich bin Zac. Mehr musst du im Moment nicht wissen«, stellte er sich mir händeschüttelnd vor. Er zwinkerte und ich lächelte zurück, dann sah ich zu dem Letzten der Truppe und noch bevor er überhaupt einen Satz über die Lippen bringen konnte, wusste ich, dass er die Sorte Mann war, vor der man sich besser in Acht nehmen sollte. Seine dichten Wimpern waren so dunkel wie das Haar auf seinem Kopf.

Er war von unten bis oben in Schwarz gekleidet und selbst seine Augen waren so undurchdringlich und dunkel wie die Nacht. Der gelbe Schein des Lagerfeuers flackerte geheimnisvoll in seinen Pupillen auf – das war das einzig Farbige an ihm.

Er war der größte der Gruppe und schlank, wobei ich nicht sagen konnte, ob es das viele Schwarz war, dass ihn schmal wirken ließ oder seine Größe. Auf jeden

Fall machte es ihn unheimlich, aber auch verlockend.

»Süß bist du auf jeden Fall«, sagte er und musterte mich mit einer Dreistigkeit, die mich verblüffte. Hallo? Noch auffälliger konnte man jemanden ja wohl nicht abchecken! Lynn verdrehte die Augen und raunte ihrem Freund etwas zu, woraufhin er erst mich, dann den Schwarzhaarigen angrinste. Ich hatte meine Hand schon zu einer netten Begrüßung ausgestreckt, zog sie bei seinen Worten aber zurück, so dass er ins Leere griff. Sofort brach die Truppe in Gelächter aus.

»Na, wenn das kein Korb war, Westwood«, sagte Zac lachend und klopfte ihm auf die Schulter. Der Schwarzhaarige namens Westwood erwiderte das Jauchzen, doch der bedrohliche Glanz in seinen Augen ließ mich beinahe an meinem Lachen ersticken. Er verursachte mir eine Gänsehaut.

»Das ist Jason«, stellte Vicky uns vor, als die letzten Lacher abgeklungen waren. Ich nickte ihm nur zu, ließ meine Hände aber bei mir.

»Er ist ein Frauenheld und ein Schwein. Halt dich bloß von ihm fern«, riet sie mir mit einem strengen Blick in seine

Richtung, so dass ich annehmen musste, dass sie es ernst meinte. Doch auch ohne ihre Warnung hätte ich ihn als Schürzenjäger eingeschätzt, was nicht zuletzt an seinem betörenden Anblick lag. Es sollte verboten sein, so gut auszusehen. In keinster Weise beleidigt, hauchte Jason ihr eine Kusshand zu, woraufhin Vicky gespielt ohnmächtig wurde und die Gruppe verfiel wieder in Gekicher. Ich schloss mich ihnen an.

Kapitel 4

An diesem Abend wurde ich noch vielen Leuten vorgestellt, die meisten davon Studenten, manche aber auch nicht. Doch ich konnte mir nicht einmal ansatzweise alle Namen merken.

Es war erstaunlich, wie viele Menschen Vicky kannte. Genaugenommen kannte sie die halbe Uni mit Vornamen und jeder kannte sie. Insgesamt machten die Gäste einen netten Eindruck auf mich, wobei es offensichtlich von Vorteil war, mit der Partykönigin verwandt zu sein.

Denn sobald sie mich in die Mitte einer Gruppe schob und als ihre Cousine vorstellte, begegnete man mir mit überschwänglicher Freundlichkeit und ich wurde augenblicklich mit Fragen bombardiert.

Dabei sahen mich nicht wenige männliche Exemplare an, als hofften sie, ich wäre ebenfalls so eine Partygängerin. Sorry Jungs, da muss ich euch leider enttäuschen, denn die größten Partys spielten sich – zumindest meistens - leider nur in meinem Kopf ab.

»Na, wen haben wir denn da?«, erklang eine mir vage bekannte Stimme hinter meinem Rücken. Noch bevor ich mich umgedreht hatte und in seine himmelblauen Augen schaute, formten sich meine Lippen zu einem Lächeln.

»Hey, Taylor«, begrüßte ich ihn, was meine Cousine, die sich derweilen angeregt unterhalten hatte, aufhorchen ließ. Taylor wollte ebenfalls zu einer Begrüßung ansetzen, da fiel sie ihm auch schon ins Wort.

»Ist nicht wahr. Du kennst Taylor?«, fragte sie überrascht und begrüßte den Sonnyboy mit einem freundschaftlichen Kuss auf die Wange.

»Ich hab ja schon immer gewusst, dass du nicht annähernd so schüchtern bist, wie du immer tust, aber dass du dir am ersten Tag gleich den Unischönling angelst, hätte ich nicht erwartet.«

»Oh Mann, ich glaube, du hast genug getrunken, Vic«, sagte ich peinlich berührt und verdrehte die Augen. Und bevor sie noch zu irrwitzigen Schlussfolgerungen kam, erklärte ich ihr in kurzen Sätzen, wie wir uns kennengelernt haben. Als ich fertig war, klopfte sie mir anerkennend auf die Schultern und zog von dannen. Taylor und ich sahen ihr mit demselben verwirrten Gesichtsausdruck hinterher, dann schüttelte ich entschuldigend den Kopf.

»Tut mir leid. Meine Cousine kann manchmal etwas …« Ich suchte nach den richtigen Worten, doch Taylor erlöste mich von dem unmöglichen Versuch, Vickys Art in nur einem Wort zu beschreiben, indem er sagte:

»So ist sie eben, aber sag doch mal, wo kommst du auf einmal her? Ich kenne Vicky einige Jahre, aber dich habe ich hier noch nie gesehen.« Wie ich aus dem folgenden Gespräch erfuhr, kannte er Vicky seit der Oberklasse und studierte mit ihr im zweiten Semester. Er war absolut sportbegeistert, was seinen athletischen Körperbau erklärte, liebte Football und hatte sogar schon eigene Fitnessratgeber geschrieben.

Er war fünfundzwanzig Jahre alt, in dieser Stadt aufgewachsen und arbeitete nebenberuflich als Personal-Trainer. Er bot mir sogar kostenlose Schnupperstunden an, was ich dann allerdings weniger begeistert auffing.

Er wusste es wohl nicht besser, denn auf die Frage hin, ob ich das denn nötig hätte, versuchte er sich so verzweifelt rauszureden, dass ihm am Ende sogar Schweißperlen auf der Stirn standen – was ich ungemein niedlich fand. Hach, ich war aber auch manchmal gemein. Bevor er sich weiter um Kopf und Kragen reden konnte, beendete ich sein Elend und beichtete, ihn nur aufgezogen zu haben. Das ließ ihn erleichtert aufatmen und im Laufe des Abends bemerkte ich, dass wir uns wunderbar verstanden.

»Kann ich dir ein Bier oder was anderes anbieten?«, fragte er irgendwann. Ich warf einen Blick auf Vicky, die sich schon das ein oder andere Bier hinter gekippt hatte und für meinen Geschmack etwas zu ausgelassen feierte. Dann lächelte ich entschuldigend.

»So wie es aussieht, muss ich meine betrunkene Cousine bald nach Hause bringen, wobei mir allmählich der Verdacht kommt, dass sie mich einzig und allein aus diesem Grund mitgenommen hat.« Er lachte, obwohl ich den Gedanken gar nicht mal so abwegig fand und ich schloss mich ihm an.

Er hatte ein ansteckendes Lachen, eines, bei dem man gar nicht anders konnte als einzusteigen. Als zwei männliche Stimmen lautstark nach meinem Gesprächspartner riefen, trennten sich unsere Wege und ich gesellte mich wieder zu Vicky und ihren Leuten.

In der Zwischenzeit hatte sich ihre Gruppe verflüchtigt und nur noch Lynn, Emily und Zac waren zurückgeblieben. Sie machten sich gerade über ein tanzendes Pärchen lustig und ich folgte ihrem Blick. Okay, so lasziv wie die beiden herumtänzelten, grenzte es schon an öffentlicher Belästigung, so viel stand fest. Was daran so lustig war, blieb mir allerdings ein Rätsel.

Ich ließ meinen Blick weiter umherschweifen und mir fiel auf, dass die Stimmung allgemein von lustig und locker in betrunken und *sehr* locker umgeschlagen war. Das lag einerseits natürlich am Alkohol, aber auch an anderen, besser ungenannten Wirkstoffen – wobei Marihuana noch die harmloseste Droge war, die ich an diesem Abend entdeckte.

»Ich geh mal Pipi«, raunte ich meiner Cousine irgendwann ins Ohr und lief davon. Dabei war der Strand mittlerweile so voll, dass ich mir geradezu einen Weg durch die Menge bahnen musste. Es hatte sich wohl in der Stadt herumgesprochen, dass hier eine Party stattfand, denn es gesellten sich auch immer mehr Menschen dazu, die ganz offensichtlich keine Studenten waren. Als ich an einer Gruppe betrunkener Teenager vorbeikam, konnte ich mich gerade noch zurückhalten, etwas zu sagen.

So fertig wie die aussahen, hätten sie mich wahrscheinlich mit ihren Whiskeyflaschen beworfen, wenn ich meinen Mund aufgemacht hätte. Ich entfernte mich soweit vom Feuerschein, dass ich nicht mehr Gefahr lief, gesehen zu werden und verkroch mich hinter einem Baum. Dann lief ich eine Weile im Wald umher, parallel zum Strand und immer in Sichtweite des Lagerfeuers.

Ich glaube, die Entscheidung hierher zu kommen, war die richtige gewesen. Ich hatte ein unglaublich gutes Gefühl bei der Sache und das erste Mal in meinem Leben den Eindruck, etwas zu machen, was absolut meinem eigenen Willen entsprach. Allein schon das Gefühl, nicht mehr zu Hause zu wohnen, unabhängig zu sein, seine eigenen Entscheidungen zu treffen.

Das würde die beste Zeit meines Lebens werden, da war ich mir sicher. Ich lehnte meinen Rücken an einen Baumstamm und beobachtete die tanzenden und lachenden

Menschen, wobei ein zufriedenes Lächeln meine Lippen umspielte. Als ich jedoch aus den Augenwinkeln einen dunklen Schatten wahrnahm, schnappte ich nach Luft und stolperte zurück.

»Beobachtest du gerne Menschen?«, fragte mein Gegenüber. Doch anstatt zu antworten, kämpfte ich um mein Gleichgewicht, als mein Fuß an einer Wurzel hängen blieb.

Unsanft landete ich auf den Ellenbogen und sah zu der Gestalt auf, die gesprochen hatte. Hätte der entfernte Schein des Lagerfeuers nicht auf ihn gestrahlt, wäre er in seinem schwarzen Aufzug glatt mit der Dunkelheit verschmolzen, doch so konnte ich seine schwachen Konturen erkennen. »Gott, hast du mich erschrocken«, murmelte ich mit dünner Stimme und rappelte mich auf. Er bot mir seine Hand an, doch ich winkte mit einem "Geht schon" ab und stand allein auf.

»Was machst du hier alleine im Wald?«, wollte er wissen und zündete sich einen Joint an. Ich rümpfte die Nase, als mich Augenblicke später dieser stechend süße Geruch umhüllte. Ich mochte den Geruch von Gras nicht – vom Geschmack ganz zu schweigen.

»Muss ich wirklich darauf antworten?«, fragte ich und strich meine Hose glatt. Als er nicht darauf reagierte, verdrehte ich die Augen. Musste ich ihm etwa erklären, dass Menschen ab und an gewisse Bedürfnisse befriedigen mussten?

»Offensichtlich bin ich aus dem selben Grund hier wie du«, fügte ich hinzu. So. Näher würde ich sicher nichts ins Detail gehen! Doch offenbar hatte ich etwas außerordentlich Lustiges gesagt, denn das Grinsen, das er mir daraufhin schenkte, reichte von einem Ohr zum anderen.

»Wenn du eine halbe Stunde wartest, bin ich gerne wieder bereit für dich, Schätzchen«, sagte er und zog an der Tüte. Ich runzelte die Stirn.

»Wie bitte?« Er deutete hinter sich und seiner Geste folgend, entdeckte ich in etwa zehn Metern Entfernung eine weibliche Gestalt, die sich gerade die Bluse zuknöpfte. Sie blickte genau in diesem Moment auf, als wir beide zu ihr schauten und hielt inne. Dann hob sie ihren Mantel auf und lief mit eiligen Schritten zum Strand zurück. Nur mit Mühe konnte ich meinen Blick von ihr abwenden, doch dann wanderten meine Augen ganz automatisch zu seinem Hosenschlitz. Ich hörte ihn leise lachen und spürte Hitze in meine Wangen schießen. Sofort riss ich meinen Blick wieder zu seinem Gesicht hoch. Gott, wie peinlich!

»Und? Bist du immer noch aus dem selben Grund hier wie ich?«, fragte er anzüglich und machte einen Schritt auf mich zu. Ich wich automatisch zurück. Was sollte das? Warum kam er näher?

»Ganz bestimmt nicht«, sagte ich schnaubend, als ganz in der Nähe Sirenengeheul erklang. Unsere Köpfe flogen in die besagte Richtung, als der Wald auch schon von dutzenden Blaulichtern beleuchtet wurde.

»Verdammt«, fluchte Jason und ließ den Joint zu Boden fallen, um ihn auszutreten. Die Polizei, na super! Hatte ich doch gewusst, dass das Lagerfeuer verboten war. Ich wollte mich gerade zum Strand aufmachen, als sich eine Hand um meinen Oberarm legte.

»Und wo willst *du* hin, wenn ich fragen darf?« Ich wirbelte herum und wollte mich losreißen, doch sein Griff war unnachgiebig wie ein Eisenring.

»Zu Vicky natürlich. Und jetzt lass mich los!«, forderte ich.

»Falls es dir noch nicht aufgefallen ist, wimmelt es hier nur so von Bullen. Machen wir lieber, dass wir wegkommen.«

»Nicht ohne meine Cousine«, beharrte ich. Er stieß einen ungeduldigen Seufzer aus.

»Vic wird mich umbringen, wenn ich zulasse, dass du von den Bullen geschnappt wirst, also mach jetzt kein Theater und komm mit.« Damit zog er mich tiefer in den Wald hinein, weg vom Lagerfeuer und meinen Protest ignorierend.

»Und was wird aus ihr?«, fragte ich und stolperte hinter ihm her.

»Das ist nicht das erste Mal, dass wir mit der Polizei in Berührung kommen. Vic wird mit den anderen nach Hause fahren und wir ebenfalls.«

»Dann lass mich sie wenigstens anrufen«, verlangte ich und versuchte mit der linken Hand mein Handy aus der Hosentasche zu fischen. Es gelang mir nicht, weil ich viel zu beschäftigt war, mit seinen großen Schritten mitzuhalten und nicht zu stolpern. Wir hatten uns mittlerweile so weit vom Strand entfernt, dass das Licht nicht mehr zu uns durchdrang und wir im Dunkeln wanderten. Und nur die entfernte

Durchsage der Polizeilautsprecher durchbrach die geräuschlose Nacht.

»Ich mach das schon«, sagte er und holte sein Handy heraus, um darauf herum zu tippen. Dadurch wurde unsere Umgebung in ein unheimliches Blau getaucht.

»Hey Vic, ich wollte dir nur Bescheid sagen, dass Claire bei mir ist.« Kurze Pause.

»Ja, es geht ihr gut.« Wieder Stille, dann lachte er leise.

»Nein, werde ich nicht. Keine Sorge.« Ich kniff misstrauisch die Augen zusammen. Was meinte er? Was würde er nicht? Er legte auf und steckte das Handy weg. Und als klar war, dass ich nicht mehr abhauen würde, ließ er mich endlich los. Ich rieb mir den Arm, der von seinem Schraubstockgriff unangenehm pochte und sah böse zu ihm auf.

»Siehst du? Alles geklärt. Und jetzt lass uns abhauen«, sagte er mit einem Blick auf das näher kommende Blaulicht. Jason führte mich an den Rand des Waldes, wo ein schicker schwarzer Wagen auf uns wartete. Ich kannte mich mit Autos nicht aus, auch wenn ich selbst eins besaß, aber der glänzende Lack und die schicken Felgen ließen auf ein teures Gefährt schließen. Ich fragte mich, wie sich ein einfacher Student so eine Karre leisten konnte. *Hallo? Du bist nicht zufällig mit Vicky verwandt?*, erklang eine sarkastische Stimme in meinem Kopf. Ich schlug mir gedanklich an die Stirn. Stimmt, Jason war wahrscheinlich von Beruf Sohn, genauso wie Vicky *Tochter* war.

»Steig ein«, sagte er und schwang sich auf den Fahrersitz. Ich warf noch einen Blick auf das Scheinwerferlicht der Polizeiwagen, ehe ich seiner Aufforderung nachkam. Denn ganz geheuer war mir die private Spritztour mit Jason nicht. Ich weiß auch nicht.

Vielleicht lag es an seinem dunklen Kleidungsstil oder seinen schwarz wirkenden Augen, aber irgendwie war mir dieser Typ unheimlich.

Kapitel 5

Die zwanzigminütige Fahrt verbrachten wir in drückendem Schweigen, was ich als sehr unangenehm empfand. Ich kam mir wie die kleine Schwester vor, die man mitnehmen musste, weil die Eltern es gesagt hatten - nur dass Jason nicht mein Bruder, sondern der Kumpel meiner Cousine war, was die ganze Sache noch unangenehmer machte. Ich versuchte mich abzulenken, indem ich aus dem Fenster sah, doch es war so dunkel, dass sich nur das Innenleben des Wagens wiederspiegelte und damit die Person, die neben mir saß.

Jedes Mal, wenn ich Jason durch das Fenster anschaute, bildete ich mir ein, seinen Blick auf mir zu spüren, was mein Unwohlsein nur noch verstärkte.

Und als er auf die Frage hin, ob ich das Radio einschalten dürfe, eiskalt mit *nein* antwortete, bestärkte sich mein negativer Eindruck von ihm. Ich meine, wie unhöflich war das denn bitte? Als wir in Vickys Einfahrt rollten, konnte ich es kaum erwarten, das Auto zu verlassen.

Meine Finger trommelten ungeduldig auf dem Griff, während sich die Haustür Meter für Meter näherte. Dann kam der Wagen endlich zum Stehen und ich sprang hinaus.

»Also dann, vielen Dank fürs Fahren«, sagte ich höflichkeitshalber, wobei er mich ja eigentlich zu der Fahrt gezwungen hatte, wenn man es genau nahm. Doch er hatte mich auch davor bewahrt, der Polizei in die Hände zu laufen - es war ihm also verziehen. Jason sagte nicht *gern geschehen*, sondern legte sich nur zwei Finger an die Schläfe und machte eine salutierende Geste. Ich marschierte zum Vordereingang und schloss gerade die Tür auf, als plötzlich der Motor verstummte und eine Autotür zufiel.

Wie in Zeitlupe drehte ich mich um, da drückte Jason auch schon die Haustür auf und marschierte an mir vorbei.

»Ähm ...«, sagte ich und beobachtete, wie er ins Wohnzimmer schritt. Einen Moment war ich vollkommen sprachlos und ich musste absolut idiotisch aussehen, wie ich mit dem Schlüssel in der Hand dastand und ihn anstarrte. Als ich meine Fassung wieder erlangt hatte, folgte ich ihm ins Innere, ließ die Wohnungstür aber beharrend offen.

»Musst du auf die Toilette, bevor du weiterfährst?«, fragte ich und kam ihm hinterher.

»Nein«, antwortete er knapp, zog seine schwarze Lederjacke aus und streifte sich die Stiefel ab.

»Okay? Was machst du dann noch hier?«, fragte ich misstrauisch. Er lief zur offenen Küche hinüber und öffnete ungefragt den Kühlschrank. Da lief ich ihm hinterher.

»Hey! Gehst du immer an fremde Kühlschränke?« Er nahm eine Cola Dose heraus, öffnete sie mit einem lauten *Ping* und genehmigte sich einen Schluck. Mir blieb nichts anderes übrig, als vor ihm stehen zu bleiben und ihn dabei zu beobachten. Ich hätte natürlich auch versuchen können, ihm die Dose zu entreißen, doch dann hätte ich mit ihm rangeln müssen und ich glaubte nicht, dass ich auch nur in die Nähe des Getränkes gekommen wäre, wenn er es nicht wollte.

»Entspann dich«, entgegnete er und sah belustigt auf mich herab. Ich öffnete empört den Mund, wusste aber nicht, was ich sagen sollte. Konnte es sein, das mich dieser Typ überhaupt nicht ernstnahm?

»Vic hat nichts dagegen, dass ich hier bin. Genaugenommen darf ich ihr Haus sogar jederzeit betreten«, erklärte er nach dem dritten Schluck.

»Aha«, sagte ich wenig überzeugt und verschränkte die Arme vor der Brust. Da wurde mir erst bewusst, wie nahe ich ihm gekommen war. Ganz automatisch trat ich einen Schritt zurück, um meine private Zone wiederherzustellen, was mir ein arrogantes Grinsen einbrachte.

»Mach ich dich etwa nervös?«, fragte er amüsiert und stellte die Dose ab. Dann musterte er mich interessiert. Ich sah böse zu ihm auf und obwohl ich ihm immer noch viel zu nahe war, blieb ich nun stehen – auch wenn es mich meine ganze Überwindung kostete.

»Allein mit einem Fremden in einem menschenleeren Haus zu sein, würde wohl jede Frau nervös machen«, entgegnete ich.

»Ich bin kein Fremder. Ich kenne deine Cousine«, antwortete er augenzwinkernd.

»Was an sich schon fragwürdig ist«, sagte ich, was ihn zu amüsieren schien. Warum lachte er eigentlich ständig über meine Kommentare? Sie waren doch absolut ernst gemeint! Er ließ seinen anstößigen Blick über meinen Körper wandern, dann machte er einen weiteren Schritt auf mich zu und sagte mit einem verwegenen Lächeln:

»Ach übrigens: Da wir sowieso noch ein bisschen Zeit totschlagen müssen, ich kann wieder.« Okay, das war zu viel!

»Gott, du bist echt widerlich«, sagte ich und zog mich ins Wohnzimmer zurück. Wenn er mich mit seinem perversen Gerede vergraulen wollte, war das genau die richtige Taktik. Er lachte herzhaft, dann ging sein Blick unwillkürlich zur Treppe.

»Dein Zimmer ist oben, richtig?« Ich nickte, noch bevor ich begriff, worauf er hinauswollte. Und als ich es tat, war es bereits zu spät.

»Hey!«, rief ich und stürmte ihm hinterher, als er die Treppe hinaufeilte. Dabei nahm er mehrere Stufen auf einmal, weswegen er diese im Nu überwand. Ich versuchte es ihm nachzuahmen, doch waren meine Beine nicht lang genug und die Treppe so steil, dass ich schon nach drei Schritten ein Stechen in den Beinen verspürte. Das führte dazu, dass ich sogar noch langsamer war, als wenn ich normal hinaufgerannt wäre.

»Wage es ja nicht, in mein Zimmer zu gehen«, warnte ich ihn, als ich die letzte Stufe erreicht hatte, doch mein Zimmer stand bereits offen. Das war doch wohl unfassbar! Was bildete sich dieser Kerl eigentlich ein?

»Eine Leseratte also«, sagte er, als ich den Raum betrat und beäugte meine beachtliche Büchersammlung. Ich dankte Gott, dass ich mein Zimmer heute Morgen einigermaßen aufgeräumt und die unsortierten Sachen unters Bett geschoben hatte. Ich konnte es nämlich auf den Tod nicht ab, wenn man mein unordentliches Zimmer betrat. Ich hatte allerdings trotzdem etwas dagegen, dass *er* hier war.

»Und eine Romantikerin dazu«, schlussfolgerte er und nahm "Shakespeare" aus dem Regal.

»Gibt es sonst noch irgendwelche ungeahnten Seiten an dir zu entdecken?«, fragte er und stellte es wieder zurück – wobei er sich interessiert umsah.

»Nein und jetzt verschwinde«, antwortete ich und blieb hilflos in der Tür stehen. Es wurmte mich, dass ich ihn nicht rausschmeißen konnte, was nicht einmal daran lag, dass ich ihm körperlich unterlegen war. Bei jedem anderen hätte ich keine Berührungsängste gehabt und ihn einfach aus dem Zimmer gezerrt, doch an Jason traute ich mich einfach nicht heran.

Vielleicht lag es an dem ganzen Schwarz, aber dieser Kerl war mir einfach nicht geheuer. Mein Blick ging zufällig zum Bett und als ich das rote Spitzenhöschen mitsamt Kassenbon darauf liegen sah, schnappte ich entsetzt nach Luft. Sofort steuerte ich das Bett an, wohlwissend, dass ihm meine Unterwäsche jeden Moment ins Auge fallen würde, als er meinem Blick folgte und mit einem Satz dort war.

»Na, was haben wir denn da?«, fragte er und hielt das Höschen mit beiden Händen in die Höhe. Oh Gott, es war sogar noch das Etikett dran. Mit meiner Größe! Ich stand kurz vor einem Herzinfarkt, als ich ihn nach einer gefühlten Ewigkeit endlich erreichte.

Meine Berührungsängste waren wie weggewischt und mit aller Kraft, die ich aufbringen konnte, schubste ich ihn von mir. Doch der gewünschte Effekt trat nicht ein. Eigentlich hatte ich ihn aus dem Gleichgewicht bringen wollen, so dass ich ihm die Wäsche entreißen konnte, doch er rührte sich nur minimal.

»Sind wir etwa schüchtern, Rotschopf?«, fragte er amüsiert. Rotschopf?

»Vielleicht solltest du mal zum Augenarzt gehen. Meine Haare sind rostbraun und nicht rot. Und du musst dich gerade melden, du Grufti!«, entgegnete ich.

»Grufti?«, wiederholte er und hielt das Höschen mit einem leisen Lachen unter die Deckenlampe. Somit war es außer Reichweite meiner Arme und ich, verzweifelt wie ich war, versuchte, mich sogar an ihm hochzuziehen, nur um es endlich in die Finger zu bekommen.

»Jason! Gib es mir! Ich schwöre dir, wenn du nicht sofort loslässt ...«

»Was? Wirst du dann anfangen zu heulen?« Ich wusste nicht, ob man es mir so deutlich ansah, aber ich stand tatsächlich kurz davor, in Tränen auszubrechen. Übrigens eine ganz schreckliche Eigenschaft von mir, denn immer, wenn mir etwas peinlich war oder ich wütend wurde, stiegen mir die Tränen in die Augen und ich konnte nicht einmal etwas dagegen tun. Als ich einsah, dass meine Bemühungen zu nichts führten, tat ich das einzig Wirkungsvolle, ich wendete

Gewalt an. Ohne Vorwarnung boxte ich ihm mit aller Kraft in den Bauch, woraufhin er sich überrascht krümmte. Ich dachte schon, das wäre es gewesen, doch zu meinem Bedauern rieb er sich nur lachend die Stelle.

»Das war ganz schön frech, liebes Fräulein«, sagte er und wirbelte mich im selben Atemzug herum. Eh ich mich versah, fand ich mich rückwärts gepresst an seinem Körper wieder – eingeschlossen von seinen Armen. Okay? Irgendetwas lief hier gerade mächtig schief!

»Lass mich los«, forderte ich und versuchte nach hinten auszutreten. Doch gewitzt wie er war, klemmte er meine Beine zwischen seine, so dass ich vornüber gekippt wäre, wenn er mich nicht festgehalten hätte.

»Erst wenn du dich entschuldigst«, sagte er und machte mich mit nur einem Arm bewegungsunfähig. Mit der freien Hand hielt er das Höschen vor meine Nase. Ich schnappte empört nach Luft.

»Bei dir entschuldigen? Erst schleifst du mich zu deinem Auto, brichst unerlaubt in Vickys Haus ein, dann vergreifst du dich perverserweise an meiner Wäsche und ich soll mich bei dir entschuldigen?« Meine

Stimme überschlug sich beinahe vor Empörung, doch ich sollte nie erfahren, was er darauf antworten wollte, denn im nächsten Moment standen Vicky und Lynn in der Tür. Ich erstarrte in Jasons Armen und spürte meinen Rücken vibrieren, als er sagte:

»Claire stellt mir gerade ihre neue Unterwäsche vor. Wollt ihr uns Gesellschaft leisten?«

»Ähm, wir sind dann mal unten«, antwortete Lynn und zog die vollkommen verdatterte Vicky mit sich. Ich fing nicht wieder an zu kämpfen, denn ich fühlte mich plötzlich viel zu ausgelaugt. Unfassbar, wie sehr mich diese kleine Rangelei gerade geschafft hatte, während er sich anscheinend gerade erst warm gemacht hatte.

»Lässt du mich jetzt los?«, fragte ich schwer atmend und versuchte so ruhig wie möglich zu klingen, was schwierig war, denn mein Brustkorb hob und senkte sich, als hätte ich einen Marathonlauf hinter mir.

»Erst wenn du dich entschuldigst, Rotschopf.« *Ich bin nicht rothaarig!* Ich atmete genervt aus.

»Sind wir etwa im Kindergarten?«, fragte ich und war kurz davor, trotz meiner Erschöpfung, durchzudrehen. Ihm so nahe zu sein und dann auch noch in dieser Position war … einfach nicht richtig.

»Soll das etwa ein kläglicher Entschuldigungsversuch sein?«

»Okay, du hast gewonnen. Entschuldige, dass ich dich geschlagen habe«, stieß ich mit Mühe hervor und feuerte eine gedankliche Salve an Flüchen auf ihn ab. Er ließ mich so abrupt los, dass ich taumelte.

»Und? War das so schwer?«, fragte er und klang, als hätte er gerade einem äußerst begriffsstutzigen Kind eine einfache Lektion erteilt. Ohne eine Antwort abzuwarten, warf er meine Unterwäsche aufs Bett und schlenderte aus dem Zimmer.

»Arschloch«, rief ich ihm hinterher und knallte die Tür zu, doch da war er schon an der Treppe. An diesem Abend setzte ich keinen Fuß mehr vor die Zimmertür, was einerseits daran lag, dass die Party, wenn auch nur mit einer Handvoll Gästen, im Erdgeschoss weitergeführt wurde und andererseits, weil ich todmüde war und

meinen morgigen Arbeitstag nicht mit dunklen Augenringen antreten wollte.
Okay, der Hauptgrund war wohl eher, dass ich Jasons Fratze heute nicht mehr ertragen hätte und ja, ein wenig kindisch war mein Verhalten schon, denn ich ignorierte jegliches Klopfen und Bitten an meiner Zimmertür.
Doch was sich Jason heute geleistet hatte, genügte, um den Rest meines Lebens nie wieder ein Wort mit ihm zu wechseln.

Kapitel 6

Heute stand mir ein stressiger Tag bevor. Ich musste zwei Lesungen besuchen, mein Buch bis mittags fertig lesen und um 17 Uhr auf der Arbeit erscheinen. Als mein Wecker um acht klingelte, quälte ich mich aus dem Bett und schlürfte ins Bad, um zu duschen. Danach föhnte ich mir die Haare, zog mich an und ging in die Küche, um mir Kaffee zu machen. Dabei war ich keineswegs überrascht, als ich leere Bierflaschen, aufgerissene Chipstüten und Tabakreste im Wohnzimmer vorfand.

Auch die Küche sah nicht unbedingt besser aus, wie mir kopfschüttelnd auffiel. Ich setzte Wasser auf und während es vor sich hin köchelte, machte ich die Küche sauber.

Eigentlich musste ich das nicht tun, immerhin hatte ich nichts mit der gestrigen Hausparty mehr zu tun gehabt, aber ich durfte in diesem wunderbaren Haus wohnen und das zu einem Spottpreis, weswegen ich mich nicht beklagte. Mit einer großen Kaffeetasse ließ ich mich schließlich am Küchenfenster nieder, schaute in den wunderschönen Garten hinaus und betete, dass ich mich an meinem ersten Arbeitstag nicht allzu dusselig anstellen würde.

Ich hatte mich für so ziemlich jede freie Stelle beworben und eine Zusage in einer kleinen Modeboutique bekommen. Und weil ich weder modebegeistert war noch die stilistischen Voraussetzungen mitbrachte, hatte es mich ehrlich gesagt überrascht, überhaupt eine Stelle als Verkäuferin, oder wie es dort hieß, *Modeberaterin* ergattert zu haben. Ich vermutete, dass die Besitzerin gerade Not am Mann hatte, anders konnte ich mir ihre Zusage nicht erklären.

Ich hatte meinen Kaffee zur Hälfte getrunken, als ich hinter mir dumpfe Schritte vernahm. Ich schaute zur Treppe und hätte mich beinahe an meinem Getränk verschluckt, als ich einen halbnackten Unbekannten die Stufen herunterkommen sah. Als er mich erblickte, stockte er kurz, setzte seinen Weg dann aber fort.

»Du musst Vickys Cousine sein«, begrüßte er mich, als er vor mir stand und mir die Hand reichte. Er war mit einer schwarzen Boxershorts bekleidet, sonst nichts und als mir bewusst wurde, dass ich ihn anstarrte, schüttelte ich mich innerlich und erwiderte seine Geste. Dabei war es nicht einmal seine Beinahe-Blöße, die mich verwirrte, sondern sein Typ.

Ich wusste ja, dass Vicky nichts anbrennen ließ, aber ein langhaariger, an jeder erdenklichen Stelle gepircter und tätowierter Rocker?

Wir wechselten ein paar höfliche, aber belanglose Worte, dann verschwand er im Bad und ich machte mir Frühstück. Anschließend schmierte ich mir ein paar Brote, ging in mein Zimmer und räumte die restlichen Bücher ein.

***

Zwei Stunden später saß ich in der ersten Vorlesung und war froh, dass ich gestern so frühzeitig schlafen gegangen war, denn ich war so munter, dass mir im letzten Drittel zur Abwechslung mal nicht die Augen zufielen. Lesungen konnten ja so langatmig sein. Als die Lesung halb rum war – ich hatte mich in die letzte Reihe gesetzt - ließ ich meinen Blick zur Abwechslung mal umherschweifen und

entdeckte ein mir bekanntes Gesicht. Taylor saß am äußeren Sitzplatz, fünf Reihen unter mir und unterhielt sich mit einer gutaussehenden Blondine. Tja, hübsch und blond musste man sein.
Dann rannten einem solche Leckerbissen wie Taylor sicher scharenweise hinterher. Aber mal im Ernst.

Wer hatte in der Oberschule nicht davon geträumt, zu den schlanken hübschen und beliebten Mädchen zu gehören? Die hatten einfach alles. Sie wurden zu den coolsten Partys eingeladen, hatten die süßesten Jungs und wurden von der ganzen Schule verehrt. Als ich merkte, dass ich die beiden immer noch anstarrte, wandte ich schleunigst den Blick ab und heftete mich wieder an des Professors Lippen. Nach der Lesung setzte ich mich mit dem Laptop in die Mensa und vertilgte mein selbstgeschmiertes Brot.

Ich hatte gerade einen großen Bissen genommen, als sich plötzlich ein Schatten vor meine Augen legte. Ich sah von meinem Laptop auf und konnte ein Stöhnen gerade so unterdrücken. *Der* hatte mir gerade noch gefehlt! Ich schaute erst gar nicht bis zu seinem Gesicht auf, weil ich ihn schon an seinem dunklen

Kleidungstil erkannte und blickte wieder auf meinen Bildschirm.

»Du bist also noch sauer«, bemerkte er amüsiert.

»Gut geschlussfolgert«, antwortete ich und brach damit meinen Vorsatz, nie wieder mit ihm zu sprechen. Aber ich konnte ja nicht ahnen, ihn so schnell wiederzusehen. Er streifte seine Tasche von den Schultern und setzte sich mir gegenüber, wobei seine Augen direkt über dem Laptoprand aufblitzten.

»Ich habe dir nichts mehr zu sagen, Jason, also lass mich in Ruhe«, sagte ich genervt und tippte willkürlich auf meinem Laptop herum, damit er dachte, ich sei beschäftigt. Tatsächlich war ich gerade dabei, meine Facebook-Seite zu checken. Doch Jason wäre nicht Jason und ich konnte nicht glauben, dass ich das wirklich dachte, weil ich ihn gerade mal vierundzwanzig Stunden kannte, wenn er sich so leicht abschütteln ließ. Er klappte meinen Laptop einfach zu, so dass ich gezwungen war, ihn anzusehen.

»Ehrlich gesagt, bin ich nicht ganz freiwillig hier«, erklärte er, was mich aufhorchen ließ.

»Nachdem ich Vicky gestern Abend erklärt habe, wie es zu unserem kleinen Gerangel gekommen ist, hat sie mich gezwungen, mich heute bei dir zu entschuldigen. Andernfalls würde sie nächste Woche nicht zu meinen Geburtstag kommen. Und da eine Party nichts ohne unsere Party-Königin ist, muss ich mich wohl oder übel dazu überwinden. Also, entschuldige, dass ich dir an die Wäsche gegangen bin«, sagte er und schenkte mir ein raubtierhaftes Lächeln. Ich hob die Brauen.

»Du willst mir sagen, dass du dich nur entschuldigst, weil Vicky dich erpresst und glaubst, dass ich deine Entschuldigung annehme? Hast du etwa wieder gekifft? Du kannst mich mal!« Seine Mundwinkel zuckten, doch mir entging auch das gefährliche Aufblitzen in seinen Augen nicht.

»Ob du es annimmst oder nicht, ist mir ehrlich gesagt, egal. Ich sollte mich entschuldigen und das habe ich getan. Und wehe, du bestätigst das Vicky nicht, dann werde ich dir einen Besuch abstatten.« Ich schnaubte unbeeindruckt und wollte etwas erwidern, als sich uns eine brünette junge Frau näherte. Sie trug ein himmelblaues figurbetontes Kleid, schicke Absatzschuhe und kam zielstrebig auf uns zu. Dann stellte sie sich neben Jason und gab ihm einen Kuss auf die Wange.

»Da bist du ja«, sagte sie und maß mich dann mit einem abschätzenden Blick, wobei sie erst meinen unspektakulären Aufzug und dann mein belegtes Brot musterte.

»Wer ist das?«, fragte sie und versuchte krampfhaft gleichgültig zu klingen – aber es gelang ihr nicht.

»Niemand «, gab Jason zurück, legte einen Arm um ihre Schultern und schlenderte mit ihr davon. *Niemand? Ich bin also niemand? Na warte, das wirst du mir büßen, du eingebildeter Arsch*, schwor ich mir und musste mich zusammennehmen, um ihm nicht hinterherzubrüllen.

Viel zu wütend, um noch einen Bissen runter zu kriegen, warf ich das Brot in den nächsten Mülleimer, klappte den Laptop zu und ging in die Bibliothek, um zu lernen.

Kapitel 7

Maxime's Boutique wurde 1901 von der gleichnamigen Designerin gegründet und war seither die erste Anlaufstelle für modebewusste und wohlhabende Frauen. Das Angebot des kleinen Modeladens beschränkte sich auf sündhaft teure Taschen, Mäntel und Kleider. Alles in hellen und unauffälligen Pastellfarben gehalten, was dem Geschäft ein harmonisches Ambiente verlieh. Und obwohl Maxime's Stil nicht unbedingt die junge Generation ansprach, hatten ihre Tochter und deren Tochter Juliette, welche die heutige Inhaberin ist, immer etwas Zeitgemäßes eingebracht, so dass sogar selbst mir das ein oder andere Kleidungsstück zusagte.

Die Preise entsprachen allerdings meiner Dreimonatsmiete, so dass ich leider nur davon träumen konnte, einmal eine solche Tasche zu besitzen. Juliette war eine Frau Mitte Fünfzig, die sich für ihr Alter ziemlich gut gehalten hatte und das, so vermutete ich zumindest, ganz ohne Schönheits-OPs. Während des

Vorstellungsgespräches hatte ich mir einen ersten Eindruck von ihr schaffen können, der sich im Laufe des Tages noch verstärkte. Sie war eine angenehme, verständnisvolle, aber strenge Frau und wenn man gut zuhörte und schnell lernte, ließ sie einen in Ruhe seine Arbeit erledigen.

Ganz anders als meine vorherige Chefin, wie ich mich ärgerlich zurückerinnerte. Diese hatte keine Gelegenheit ausgelassen, mir Extraarbeit aufzuhalsen und mich, wo es nur ging, zu schikanieren. Aber wie sagte man so schön? Lehrjahre sind keine Herrenjahre.

Wohl wahr! Wegen des hohen Preisniveaus hatten wir nicht viele Kunden am Tag, so dass mich Juliette in aller Ruhe einweisen konnte. Außer mir gab es noch eine weitere Mitarbeiterin namens Lisa. Weil Lisa aber ebenfalls Studentin war und genau an meinem freien Tagen arbeitete, würden wir uns wohl nie begegnen.

Ich fand es gut, dass Juliette ausschließlich Studenten einstellte und uns einen Job gab. Zugegeben, aus reiner Herzensgüte tat sie es sicher nicht, aber wenigstens sicherte sie mir ein monatliches Einkommen und somit profitierten beide Seiten davon.

Nachdem ich in die wichtigsten Dinge eingewiesen wurde und meine erste Kundin bedient hatte, machte ich um 20 Uhr Feierabend. Offenbar hatte ich mich so gut angestellt, dass Juliette bereits plante, mich am Wochenende in die Kasse einzuweisen, so dass ich schon in der nächsten Woche alleine im Geschäft stehen konnte.

Woran es noch ein wenig haperte, war mein Textilwissen, weswegen sie mir ein Handbuch mit Stoffproben mitgab, welches ich bis zur nächsten Woche studiert haben sollte.

Weil wir nicht viele Artikel im Sortiment hatten und es deshalb nicht besonders viel zu lernen gab, war ich zuversichtlich, bis zum Wochenende alle Stoffe draufzuhaben. Ich verließ das Geschäft über den Hinterausgang, der in einen alles andere als einladenden Hinterhof führte und eilte zur Haltestelle, um meinen Bus zu bekommen. Zuhause angekommen, traf ich Vicky in der Küche an.

Sie briet gerade Eier mit Speck und ich gesellte mich dazu.

»Und, wie war dein erster Tag?«, fragte sie und wirbelte das Ei in die Luft, so dass es umgedreht in der Pfanne landete. Ich nickte beeindruckt und schilderte ihr meine heutigen Eindrücke.

»Sag mal«, begann ich, als wir fünf Minuten später am Küchentisch saßen.

»Wer war eigentlich der Rockertyp heute Morgen?«

»Was glaubst du wohl?«, fragte sie augenzwinkernd und schob sich einen Speckstreifen in den Mund. Ich lachte kopfschüttelnd.

»*Das* ist klar, aber wo hast du ihn kennengelernt? Der passt doch überhaupt nicht in dein Beuteschema.«

»Ähm, kennen wir uns? Du weißt doch, dass mir schnell langweilig wird. Und da musste eben was Neues her«, antwortete sie grinsend. Kopfschüttelnd aß ich weiter.

»Was ist? Warum schüttelst du ständig den Kopf?«, fragte sie argwöhnisch und ließ ihre Gabel sinken.

»Hältst du mich etwa für ein Flittchen?« Ich sah schockiert von meinem Teller auf.

»Natürlich nicht. Außerdem weißt du genau, dass es mir egal ist, wie viele Partner jemand hat. Es ist dein Leben, ich würde mir niemals ein Urteil erlauben. Und auch wenn du mich vielleicht für die prüdeste Person auf diesem Planeten hältst …«, sie nickte heftig mit dem Kopf,

»habe ich absolut nichts gegen unverbindlichen Sex. Ich bin nur nicht der Typ dafür.«

»Sag ich ja, prüde«, erwiderte sie, woraufhin wir beide lachten.

»Morgen steigt übrigens eine Party bei Lynn und du bist natürlich auch eingeladen.« Ich kaute meinen Speck und deutete mit der Gabel auf sie, dann sagte ich:

»Weißt du, als mir mal jemand gesagt, das Studentenleben besteht hauptsächlich aus feiern, wollte ich es zuerst nicht glauben, aber hier haben wir den lebenden Beweis.« Sie zuckte die Schultern und sagte dann:

»Apropos, hast du heute zufällig mit Jason gesprochen? Er wollte sich noch bei dir entschuldigen, bevor er wegfährt.« Sofort verdüsterten sich meine Gedanken. *Du meinst den kiffenden, Frauen entführenden, eingebildeten und unverschämten Mistkerl, den du auch noch deinen guten Freund nennst?*, dachte ich missmutig und hatte im nächsten Moment auch schon eine Idee, wie ich mich für sein unmögliches Benehmen rächen konnte. Mir kamen seine Worte in den Sinn, dass er mir einen Besuch abstatten würde, wenn ich Vicky belog. Pah! Was wollte er denn schon machen?

Wenn er das nächste Mal kam, würde ich einfach das Zimmer abschließen.
Von diesem Idiotien ließ ich mich doch nicht einschüchtern! Ich schüttelte unschuldig den Kopf und sagte:

»Sich entschuldigen? Als ich ihm heute begegnet bin, hat er laut verkünden lassen, was ich für Unterwäsche trage. Wie kommst du darauf, dass dieser Arsch so etwas wie Reue empfinden kann? Moment mal, warum fragst du überhaupt? Hast du ihn etwa zu einer Entschuldigung angestachelt?« Ich sah sie gespielt misstrauisch an und musste mich sehr zusammennehmen, um nicht zu schmunzeln.

»Äh nein, er hat mich gestern nur gefragt, wo er dich heute findet. Er sagte, er will sich entschuldigen, bevor er fährt.«

»Fahren? Das Semester hat doch gerade erst angefangen, wo will er denn hin?«

»In die Nachbarstadt, seine Eltern besuchen. Sie leben im Ausland und sind immer nur zwei Mal im Jahr hier. Deshalb hat er sich die nächsten Tage frei genommen. Und als Jahrgangsbester wird es ihm kaum schaden, die zweite Woche zu schwänzen«, erklärte sie.

»Moment mal. Jahrgangsbester? Jason?«, fragte ich zweifelnd. Sie lachte.

»Du bekommst zwar immer nur dumme Sprüche zu hören, aber genaugenommen ist er ein Genie.« Nun, das war zwar schwer vorstellbar, aber allein die Tatsache, dass er mich in den nächsten Tagen nicht schikanieren konnte, weckte wahre Hochstimmung in mir. Vielleicht hatte er seine Drohung ja schon vergessen, wenn er wiederkam, überlegte ich freudig gestimmt. Ich fand es niedlich von Vicky, dass sie ihn erpresste, nur damit ich mich nicht unwohl fühlte. Das war doch mal Familienzusammenhalt!

Deshalb tat ich auch weiterhin so, als wüsste ich nicht, dass sie Jason dazu genötigt hatte und bis er wiederkam, würde er die Sache eh vergessen haben. Nachdem wir den Tisch abgeräumt hatten, machte sie sich für die Party fertig. Ich zog mich in mein Zimmer zurück und ging das Textil-Handbuch durch.

Kapitel 8

Die erste Woche verging ziemlich schnell, was daran lag, dass ich von einem Termin zum nächsten hetzte. Darunter fiel das leidige Thema des Ummeldens, der Jobsuche und dann mussten noch etliche Kisten ausgepackt und mein Mobiliar aufgebaut werden, wobei Vicky und ich uns an Letzterem erst gar nicht versuchten. Was das Aufbauen von Möbeln betraf, hatten wir beide nämlich linke Hände, doch zum Glück kannte Vicky genug Leute, die uns beim Aufbauen halfen. Dann nahm ich mir noch einen ganzen Tag Zeit, um das großzügige Unigelände zu erkunden, wobei Vicky die Reiseführerin spielte.

Doch irgendwie hatte sie ihre Aufgabe missverstanden, denn anstatt mir unterrichtsrelevante Räume zu zeigen, führte sie mich irgendwelche Geheimgänge entlang, welche in diverse Chemieräume, Sporthallen und weiß sonst was für verbotene Zonen mündeten. Jason war seit gestern wieder in der Stadt, hatte das Thema aber noch nicht angesprochen und sich bisher weder bei Vicky noch in der Uni blicken lassen. Er hatte es also wirklich vergessen. Ich konnte ihm seine Frechheit allerdings nicht so leicht verzeihen, weder, dass er in meinem Zimmer war noch dass er mich einen *Niemand* genannt hatte. Man sollte meinen, ein Genie pflegt bessere Umgangsformen, andererseits sagte man auch, dass die Schlauen nur am Lernen waren und kaum sozialen Kontakt pflegten. Wenn ich mir Jason aber so ansah, schien er viel sozialen Kontakt zu haben – vor allem weiblichen. Schluss jetzt damit.

Ich werde mich nicht länger über Jason und seine Gemeinheiten ärgern! Eine gute Sache hatte die Rangelei mit ihm auf meinem Zimmer allerdings gebracht – sie hatte mich dazu ermutigt, wieder mehr Sport zu treiben, damit ich mich künftig besser wehren konnte. Und was wäre da besser, als wieder mit dem Boxen anzufangen? Ich muss zugeben, dass ich mich in den letzten Jahren sehr hab gehen lassen, was das Thema betraf – wobei sich der Bewegungsmangel weniger auf meine Figur als auf meine Ausdauer ausgewirkt hatte. Im Alter von zwölf Jahren hatte ich

nämlich Boxen gelernt und dieses Hobby ganze drei Jahre lang ausgeführt.
Darauf gekommen war ich, weil meine Eltern leidenschaftliche Boxfans waren, ich aber zu jung war, um mich abends mit ihnen vor den Fernseher zu setzen - und das zu Recht. Wer wollte seine zwölfjährige Tochter schon sehen lassen, wie man sich die Zähne ausschlug?
Wie es bei Kindern aber nun mal war, hatte mich genau dieses Verbot erst neugierig gemacht und so hatte ich mich jedes Mal – wir hatten eine große Couch gehabt, hinter der man sich wunderbar verstecken konnte – ins Wohnzimmer geschlichen und heimlich mitgeschaut. Leider hatte mich unsere damalige Katze Lissi – sie ruhe in Frieden – irgendwann neben mich gesetzt und so lange miaut, bis mein Vater aufgestanden war und nachgeschaut hatte, weshalb sie sich so aufregte. Tja, von da an waren meine Fernsehabende vorbei gewesen. Und weil ich Boxen nicht mehr gucken durfte, hatte ich mich kurzerhand dazu entschlossen, es selbst zu tun.
Anfangs waren meine Eltern nicht so sonderlich begeistert gewesen - wer schickt seine zwölfjährige Tochter schon gerne in

den Ring, damit sie verprügelt wird - doch als ich in die Pubertät kam und sich die Jungs für mich zu interessieren begannen, freundete sich mein Vater ganz schnell mit meinem Hobby an. In der Oberschule hatte ich allerdings immer weniger Zeit fürs Boxen gefunden und war schließlich in die unendliche Welt der Bücher abgedriftet - aus der ich nie wieder richtig herausgefunden hatte. Ich liebte es, durch Bibliotheken zu schlendern, den charakteristischen Geruch von altem benutzen Papier, das Gefühl zerfledderter Buchumschläge in meinen Händen und nicht zuletzt die Literatur selbst. Dabei war es vollkommen egal, was ich las, ich fühlte mich in jedem Genre zu Hause. Hauptsache, ich wurde für einige Stunden aus der ernüchternden Wirklichkeit gerissen. Nun war es allerdings Zeit, mal wieder etwas Bewegung in mein Leben zu bringen - man wurde ja schließlich nicht jünger.

An meine jugendlichen Erfolge würde ich wohl nicht mehr anknüpfen, dazu war ich einfach schon zu lange raus, aber ein, zwei gute Schläge hatte ich durchaus noch auf dem Kasten. Jetzt traf es sich ganz gut, dass mir Vicky die Sporthalle und den kleinen Fitnessraum zeigte, so konnte ich heute gleich damit beginnen. Ich mochte es, morgens zu trainieren, wenn die halbe Welt noch schlief, genauso wie ich gerne früh shoppen ging, was nicht einmal daran lag, dass ich etwas gegen überfüllte Einkaufshallen oder Supermärkte hatte. Aber morgens war die Welt noch so schön verträumt und friedlich. Keine vollgestopften U-Bahnen, keine Menschen, die hektisch von A nach B rannten.

Die Welt strahlte einen wohltuenden Frieden aus, der auch mich mit innerer Ruhe erfüllte.

Außerdem war man frühmorgens noch ausgeruht und frisch, weshalb sich ein morgendliches Training immer gut eignete. Von innerem Frieden erfüllt, betrat ich also pünktlich um acht den Fitnessraum. Leider war ich nicht die Einzige, die gerne morgens trainierte, genaugenommen waren es für diese Uhrzeit sogar erstaunlich viele. Schade, da war er hin, mein innerer Frieden. Mir fiel auf, dass ich die einzige Frau war, aber das störte mich nicht weiter. Im Fitnessstudio waren die meisten eh nur mit ihrem eigenen Körper beschäftigt und für den Fall, dass ich mich doch beobachtet fühlte, hatte ich mit Vicky schon einige ruhige Ecken ausgekundschaftet. Es gab einen kleinen Raum, der so ziemlich jedes Equipment beherbergte, das man sich hier unten wünschte – so auch Boxhandschuhe und Boxsack. Doch bevor ich damit begann, musste ich mich erst einmal warm machen. Dafür verzog ich mich in eine halbwegs ruhige Ecke, stieg auf das Laufband und desinfizierte es gründlich. Es gab nämlich nichts Ekligeres als schwitzige Abdrücke auf den Geräteanzeigen.

Dann begann ich zu joggen, doch schon nach fünf Minuten verflog mein anfänglicher Enthusiasmus und meine Beine schrien mir zu, wie lange ich schon kein Sport mehr gemacht hatte. Das Ziehen begann in den Waden und breitete sich ganz langsam über meine Oberschenkel aus, dann wanderte es weiter über den Bauch.

Doch so anstrengend die ersten Minuten auch waren, es wurde mit der Zeit besser und als sich mein Körper nach zwanzig Minuten an die ungewohnte Belastung gewöhnt hatte, war ich wieder voll und ganz in meinem Flow. Ich hatte ganz vergessen, wie befreiend Bewegung sein konnte und verspürte ein berauschendes Hochgefühl in mir aufsteigen. Dieses sank allerdings rapide ab, als Jason Westwood den Raum betrat. Ich ließ einen Moment den Kopf hängen. Ich meine, wie viel Pech konnte man eigentlich haben?

Ich wappnete mich für einen dummen Spruch oder eine anzügliche Geste, doch als ich wieder aufsah, war er direkt an mir vorbeigelaufen. Das wunderte mich dann doch. Hatte er mich übersehen oder ignorierte er mich absichtlich? Oder besser noch: Konnte er sich etwa gar nicht mehr an mich erinnern?

Einen *Niemand* wie mich konnte man nach einer Woche immerhin schnell vergessen. Neugierig beobachtete ich, wie er zu einem Laufband ging, Papiertücher aus dem Spender nahm, sie mit Desinfektionsmittel befeuchtete und die Griffe und Tasten des Gerätes abwischte. Und weil er nicht wusste, dass er beobachtet wurde, konnte ich mir alle Zeit der Welt lassen, seinen beeindruckenden Körper zu begutachten.

Er war nicht so athletisch gebaut wie Taylor, doch das hieß nicht, dass sein Körper weniger durchtrainiert war. Nun, da er seine Straßenkleidung abgelegt hatte, konnte ich sehen, dass er zwar schlank, aber keineswegs schlaksig gebaut war. Das eng anliegende TankTop umschmeichelte seinen trainierten Bauch und ließ stählerne Muskeln darunter vermuten. Und seine Arme, welche genau den richtigen Umfang hatten, um attraktiv, aber nicht aufgepumpt zu wirken, spannten sich bei jeder Bewegung an. In solchen Momenten beneidete ich Männer für ihre stählerneren Körper. Denn während die meisten von ihnen schon gute Gene in die Wiege gelegt bekamen, mussten wir Frauen doppelt so hart schuften, um auch nur ansatzweise so straffe Haut zu bekommen – zumindest war das bei mir so.

Ich kannte Männer, die wogen doppelt so viel wie ich – und das nicht etwa wegen ihrer Muskelmasse – und hatten weder eine Delle noch schlabbernde Unterarme. Wie konnte das sein? Die Antwort darauf wusste ich natürlich, soweit hatte ich in Biologie noch aufgepasst. Aber trotzdem. Das war doch total ungerecht.

Als ob wir Frauen nicht schon genug Bürden zu tragen hätten! Immer noch vor mich hin schmollend, wie ungerecht die Welt doch manchmal war, ließ ich meinen

Blick weiter über seinen verboten gehörenden Körper wandern.
Auf den Hüften trug er eine lockere Trainingshose und schwarz-weiß-gestreifte Turnschuhe. Und auch, wenn seine lockere Hose kaum genug Blick dafür bot, vermutete ich doch einen knackigen Hintern darunter. *Schluss jetzt! Das ist immerhin Jason. An dem ist überhaupt nichts knackig*, schalt ich mich. Nachdem das Laufband gesäubert war, nahm er einen Schluck aus seiner Wasserflasche, dann tippte er auf dem Gerät herum und setzte sich in Bewegung.
Ich beobachtete ihn noch eine Weile, um zu sehen, ob er mich wirklich nicht gesehen hatte und nicht etwa nur eine Show abzog, doch er wandte den Kopf weder zu mir noch woanders hin. Sein Blick war so starr geradeaus gerichtet, als hinge er blühenden Gedanken nach. Also wandte auch ich mich wieder ab, um mir Gedanken zu machen.
Doch nicht etwa, was ich nach dem Training frühstücken würde – obwohl ich langsam schon etwas vertragen könnte – sondern, um Folterpläne zu schmieden. Denn Jason mochte mich vielleicht nach einer Woche vergessen haben, aber ich

konnte ihm seine Dreistigkeiten nicht so einfach verzeihen. Es nagte an mir, dass er sein Leben einfach so weiterlebte, während ich mich jedes Mal grün und blau ärgerte, wenn ich ihm begegnete.

Er sollte sich mindestens genauso mies fühlen, besser noch, er sollte bestraft werden. Mal sehen: ich konnte mir eine Hantel schnappen und *ausversehen* auf seinen Fuß fallen lassen oder ich bewarf ihn mit einem Medizinball, so dass er vom Laufband fiel.

Ich lachte leise bei der Vorstellung. Ich konnte die Umstehenden auch mit Geld bestechen und auf Jason hetzen, damit sie ihm mal ein paar Manieren einprügelten oder aber ich stellte sein Laufband auf Höchststufe, so dass es ihm die Beine wegriss. Hach, wie herrlich es doch wäre, ihm eins auszuwischen, dachte ich grinsend.

Dann würde er sich künftig sicher zwei Mal überlegen, ob er sich mit mir anlegte. Letztere Variante fand ich besonders verlockend, nur war sie leider schwer umsetzbar. Oder wie sollte ich sein Laufband manipulieren, ohne dass er mich bemerkte?

»Na, wen haben wir denn da?«, unterbrach Jason meine hinterhältigen Gedanken. Ich zuckte zusammen, doch anstatt zu ihm aufzusehen, fokussierte ich einen Punkt an der Wand. Natürlich hatte er mich gesehen. Wie schön wäre es auch gewesen, die restlichen Minuten in Ruhe weiter trainieren zu können? Andererseits: Was hatte ich auch erwartet? So groß war der Raum nicht, dass ich hier wirklich lange ungesehen geblieben wäre. Aber so vertieft wie Jason in Gedanken gewesen war, hätte ich nicht damit gerechnet, so schnell entdeckt zu werden.

»Ich nehme an, dass du noch sauer bist?«, fragte er und stellte sich direkt vor meine Nase, so dass ich gezwungen war, ihn entweder anzusehen oder den Kopf zu drehen und woanders hinzuschauen. Da Letzteres allerdings mehr als unreif gewesen wäre, hob ich den Blick.

»Gut erkannt«, stieß ich zwischen den Zähnen vor, doch nicht unbedingt, weil ich sauer war – was ich durchaus war – sondern mehr vor Anstrengung. Denn so sehr ich mir auch vorgenommen hatte, durchzuhalten, begannen meine Beine allmählich zu streiken. Ich wischte mir mit dem Handtuch übers Gesicht und sah, wie er seine Augen ungeniert über meinen schwitzenden Körper wandern ließ. In diesem Moment wünschte ich, ich hätte etwas Weites angezogen. Nicht die schwarze Leggins und das hautenge Top, das keine Rundung meines Körpers unbetont ließ. Ich hob mahnend die Augenbrauen, doch das hielt ihn nicht davon ab, mich weiter zu betrachten.

»Musst du nicht noch ein bisschen pumpen gehen?«, fragte ich, um seine Augen wieder auf mein Gesicht zu lenken. Dabei warf ich einen ungewollten Blick auf seinen trainierten Bizeps. Ich wünschte allerdings, ich hätte es nicht getan, denn mein anerkennender Blick entging ihm keineswegs. *Super. Zeig diesem eingebildeten Idioten noch, was für einen wunderbaren Körper er hat und vergiss auch ja das Sabbern nicht,* schalt ich mich in Gedanken.

Wenn du meinen Körper in Aktion sehen willst, musst du mich nur fragen, Rotschopf. Jederzeit. Bloß nicht schüchtern sein«, sagte er träge lächelnd.

»Danke, da laufe ich mich lieber zu Tode«, gab ich zurück. Das Lächeln, das er mir darauf schenkte, hätte mich vorwarnen sollen, aber da Jason ständig über meine Kommentare lachte, hatte ich auch dieses für harmlos gehalten. Böser Fehler, denn als hätte er vorhin meine Gedanken gelesen, änderte *er* nun die Geschwindigkeit meines Laufbands – und zwar auf höchste Stufe. Eben noch hatte ich auf zwei Beinen gestanden und im nächsten Moment landete ich schmerzhaft auf dem Hintern.

Und noch während die Worte: *Das hat er nicht getan. Das hat er gerade nicht getan!* durch meinen Kopf hallten, schlenderte er feixend an seinen Platz zurück. Als ich mich aufgerappelt hatte, war er vom Laufband auf eine große Matte gewechselt und vollführte komplizierte Kampfbewegungen – wohl, um mir davon abzuraten, mich mit ihm anzulegen.

Doch keine Kampftechnik der Welt hätte mich davon abhalten können, das zu tun, was ich als nächstes tat. Es war an der Zeit, dass ich diesem Macho eine Lektion erteilte und wenn er einen Kampf wollte, dann konnte er ihn haben! Ich ging zum Geräteraum hinüber, schnappte mir zwei viel zu große Boxhandschuhe und stellte mich zu ihm auf die Matte. Er hielt überrascht inne und fragte:

»Was soll das werden? Willst du mich etwa herausfordern, Rotschopf?«

»Ganz recht«, sagte ich und schlüpfte in die Handschuhe.

»Was machst *du* da? Taekwondo?«, erkundigte ich mich und versuchte beiläufig zu klingen. Tatsächlich hatte ich aber Mühe, das Zittern in meiner Stimme zu kontrollieren. Ich brannte geradezu darauf, ihm eine zu verpassen. Weil ich den Überraschungsmoment aber nicht vermasseln wollte - ein Macho wie er dachte sicher, dass so ein kraftloses Ding wie ich kein Bums in den Knochen hatte -, zwang ich mich zur Gelassenheit. Als er anerkennend nickte, sagte ich:

»Nun, ich hab drei Jahre lang geboxt, gucken wir doch, wer besser ist?« Er starrte mich an, unschlüssig, ob er mich ernst nehmen sollte oder nicht, dann lachte er und fragte:

»Im Ernst?«

»Im Ernst«, bestätigte ich.

»Was ist, wenn ich gewinne?«, fragte er, wobei der Gewinn seinem Ton nach bereits feststand.

»Gar nichts. Ich nehme an, dass du mich weiterhin schikanierst und sich nichts ändert. Wenn ich allerdings gewinne«, sagte ich und stemmte die Hände in die Hüften,

»hörst du mit deinen dummen Sprüchen auf und lässt mich verdammt nochmal in Ruhe.« Er sah mich abschätzend an, dann sagte er:

»Warum sollte ich zustimmen, wenn ich sowieso gewinne?« Ich schüttelte fassungslos den Kopf über so viel Arroganz.

»Weil ich sonst überall rumerzähle, dass du Angst hast, dich mit einer Frau anzulegen.« Er lachte.

»Wäre auch schlimm, wenn es anders wäre, oder? Also, warum sollte ich?« Dieser verdammte … Warum konnte er nicht einfach zustimmen? Ich dachte angestrengt nach.

»Weil … du kannst jetzt keinen Rückzieher mehr machen. Wir stehen schon beide auf der Matte. Wenn du jetzt ablehnst, habe ich gewonnen.« Mit zusammengekniffenen Augen schaute ich zu ihm auf und hoffte, dass er annahm. *Bitte, bitte sag ja*, flehte ich stumm. Denn wenn er es nicht tat, würde ich nicht nahe genug an ihn herankommen, um ihm eine verpassen zu können. Bitte! Ich wollte ihn doch nur einmal schlagen. Danach würde ich mich viel besser fühlen. War das denn zu viel verlangt? Dann stimmte er endlich zu und sagte:

»Meinetwegen.« Ich unterdrückte ein schadenfrohes Lächeln, hielt ihm meine Hände hin und sagte:

»Hilfst du mir mal beim Zuschnüren?« Er nickte und während er mir die Handschuhe band, fragte er:

»Nur mal so aus Neugierde: Glaubst du ernsthaft, dass du auch nur den Hauch einer Chance hast oder willst du einfach nur von mir flachgelegt werden?« Als Antwort holte ich von unten aus und verpasste ihm einen Kinnhaken. Ich legte meine gesamte Kraft in den Schlag, so dass er tatsächlich zwei Schritte zurücktaumelte. Ha!, dachte ich boshaft grinsend und ging sofort in Abwehrstellung. *Das war dafür, dass du meine Unterwäsche begrabscht hast.* Vollkommen perplex schüttelte er den Kopf, wie, um wieder zur Besinnung zu kommen. Dann massierte er sich das Kinn.

»Du kleines Biest«, sagte er und betrachtete mich, als sehe er mich zum ersten Mal. Doch anstatt sauer zu sein, schienen seine Augen erwartungsvoll zu funkeln. Hm, so war das aber nicht gedacht. Er sollte doch komplett ausflippen oder sich zumindest ärgern.

»Wofür war das?«, fragte er. Ich lachte freudlos.

»Das fragst du noch? Du bist ein arrogantes Arschloch, Jason und es wird Zeit, dass man dir mal ein bisschen davon ausprügelt.« Er lachte breit.

»Und *du* willst diejenige sein, die das tut? Du kannst ja noch nicht mal einen ordentlichen Kinnhaken verpassen.« Damit näherte er sich mir raubtierhaft, ohne jedoch eine abwehrende Haltung anzunehmen. Aus den Augenwinkeln sah ich, dass uns einige der Umstehenden neugierig beobachteten. Ich wandte meine Aufmerksamkeit wieder meinem Gegner zu, doch außer mich zu umkreisen, tat Jason nichts - was mich nach einer Weile echt wütend machte. Wollte er mich provozieren oder dachte er, er hätte es nicht nötig, zuerst anzugreifen, weil ich eine Frau war?

»Ich gebe zu, dass ich dich unterschätzt habe, weil du eine Frau bist, aber den Fehler werde ich nicht noch einmal machen.« Er umschlich mich weiter, die Hände hinter dem Rücken verschränkt, als wäre er Mr. Miyagiund immer, wenn ich ihm ins Gesicht sah, zwinkerte er mir listig zu. Okay, er wollte mich eindeutig provozieren, doch darauf würde ich nicht reinfallen. Ich täuschte einen Hieb mit der Linken vor und als er in Abwehrhaltung ging und seine rechte Seite vernachlässigte, schlug ich mit der anderen Faust zu.

Ich sah Jason schon am Boden liegen und die Umstehenden feixen und klatschen, weil er sich von einer Frau hat besiegen lassen, doch ich unterschätzte ihn maßlos. Im nächsten Moment hatte er meinen Trick durchschaut, schlug mir auf den rechten Arm, so dass er schlaff und nutzlos wurde und warf mich mit einem komplizierten Griff zu Boden. Ich fiel rücklinks auf die Matte und kostbare Luft entwich meinen Lungen.

»Und festgenagelt«, sagte er mit einem triumphierenden Lächeln und hielt mich am Boden fest. »Ich muss zugeben, ich hätte nicht gedacht, dass du so leicht flachzulegen bist.« Ich überging die zweideutige Anspielung und erklärte:

»Es ist sieben Jahre her, dass ich das letzte Mal geboxt habe. Das war nur Anfängerglück.« Er ließ von mir ab, so dass ich mich aufrichten konnte und sagte:

»Ich bin kein Anfänger.« Und damit ging der Kampf weiter.

Kapitel 9

Dass Jason kein Anfänger war, davon konnte ich mich die nächsten zehn Minuten selbst überzeugen, denn ich landete keinen einzigen Treffer. Jason dagegen warf mich immer wieder zu Boden und das auf so zahlreiche Art, dass ich mich fragte, wer sich diese ganzen Griffe und Techniken überhaupt ausgedacht hatte. Doch so sehr meine Gliedmaßen auch schmerzten und ich nach Atem rang, ich stand immer wieder auf - was ihn zumindest anerkennend nicken ließ.

»Offenbar hat man dir nie beigebracht, dass es manchmal besser ist, aufzugeben,« bemerkte er und wischte sich die Stirn. Ha! War das etwa ein erstes Anzeichen von Erschöpfung? Ich musste also nur noch etwa fünf Stunden so weitermachen und er würde zumindest ins Hecheln kommen. Gott, ich war ihm hoffnungslos unterlegen und es ärgerte mich, dass ich ihn so unterschätzt hatte. Vor allem aber ärgerte mich, dass ich vorher nicht wenigstens ein bisschen geübt hatte. Dann hätte ich vielleicht mehr als nur einen unfairen Treffer landen können.

»Vergiss es. Lieber sterbe ich«, gab ich schnaufend zurück.

»Claire?«, erklang eine mir bekannte Stimme hinter meinem Rücken. Ich drehte mich um und entdeckte Taylor, der sich uns verwundert näherte. Auch er trug ein Tank Top, das seine definierten Arme zur Geltung brachten und eine lockere Trainingshose. Die blonden strubbeligen Haare hatte er mit einem Stirnreif nach hinten fixiert.

»Was soll das werden?«, fragte er und sah von mir und meinen Boxhandschuhen zu meinem Gegner.

»Jason verprügeln. Hilfst du mir?«, fragte ich atemlos. Er legte sein Handtuch über ein Trainingsgerät und schüttelte lachend den Kopf.

»Ich bin doch nicht verrückt. Jason hat den sechsten Dan im Taekwondo.« Damit lehnte er sich gegen den Stepper und beobachtete uns.

»Aber ich schau dir gern dabei zu, wie du dein Glück versuchst«, fügte er breit lächelnd hinzu.

»Sechster Dan?«, wiederholte ich und wandte mich beeindruckt zu meinem

Gegner um, der mir frech zuzwinkerte. Mit Taekwondo kannte ich mich zwar nicht sonderlich gut aus, aber der sechste Dan war der erste Meistergrad der japanischen Kampfsportarten. Das wusste ich, weil mein Cousin immer von einem Meistergürtel geträumt hatte, aber nie über den fünften schwarzen Gürtel hinausgekommen war.

Ich gab es ja nur ungern zu, aber jetzt war ich schon etwas beeindruckt. Dass erklärte zumindest, warum ich bisher nicht den Hauch einer Chance gehabt hatte. Der Vergleich zu Mr. Miyagi kam mir plötzlich gar nicht mehr so lächerlich vor.

»Habe ich vergessen, das zu erwähnen?«, fragte Jason und genoss meinen ehrfürchtigen Blick mit sichtlichem Vergnügen.

Dann nahm er einen Schluck aus seiner Wasserflasche und beobachtete mich dabei wachsam, als fürchte er einen weiteren hinterhältigen Angriff. Und so dumm war das gar nicht von ihm, denn nun, da mir auch Taylor bestätigt hatte, dass ich nicht den Hauch einer Chance haben würde, malte ich mir tatsächlich schon die nächste List aus. Lange würde ich nämlich nicht mehr aufrecht stehen können, denn meine

Beine schlotterten immer stärker und meine Arme konnte ich kaum noch oben halten. Außerdem registrierte ich ein leichtes Schwindelgefühl, das mich daran erinnerte, heute noch nichts gegessen und getrunken zu haben. Aber wie hatte ich auch ahnen können, dass ich mich früh am Morgen schon so verausgaben würde?

»Gibst du mir was von deinem Wasser?«, fragte ich und hielt mir die Seite, auf die ich heute schon so oft gestürzt war. Er beäugte mich misstrauisch, hielt mir dann aber die Flasche hin.

»Danke«, sagte ich und wischte mir die Stirn.

Und gerade als ich ansetzen wollte und er sich in Sicherheit wiegte, spritzte ich ihm das Wasser ins Gesicht. Wie erhofft fuhren seine Hände reflexartig zu seinen Augen, um das Wasser wegzuwischen und ich nutzte die Gelegenheit und schlug mit voller Kraft zu.

Doch Jason reagierte blitzschnell. Er drehte sich weg, weshalb ich seine Seite verfehlte und stattdessen die Bauchmuskeln traf - genau dorthin, wo es am wenigsten schmerzte.

Und entweder war es ein Reflex oder er wollte den Kampf endgültig beenden,

denn ich spürte einen kurzen Schlag unter dem Brustbereich und die Luft blieb mir weg.
»Scheiße«, hörte ich ihn noch sagen, dann kippte die Welt.

***

Ich sackte auf die Knie, krümmte mich unter dem Schmerz zusammen und versuchte krampfhaft zu atmen, doch ich bekam keine Luft.
»Was ist mir ihr?«, hörte ich Taylor fragen, der sofort herbeigeeilt kam. Mir stiegen Tränen in die Augen, weil ich keine Luft bekam und Panik machte sich in mir breit. Ich wusste, was los war. Jason hatte mir auf den Solarplexus geschlagen. Einem Punkt unter dem Brustbein, der bei einem leichten Schlag zu Atemnot und bei voller Kraft zu Ohnmacht führen konnte. Das Erste, was wir beim Junior-Boxen gelernt hatten, war, niemals dorthin zu zielen.
»Ich hab ihren Solarplexus getroffen«, stellte auch Jason fest und Besorgnis schwang in seiner Stimme mit.

»Verdammt«, murmelte Taylor und musterte mich angespannt.

»Wir müssen sie gerade hinstellen und ihren Körper strecken«, sagte Jason und hob mich prompt auf. Taylor nickte, hob meine Arme über meinen Körper und zog einmal kräftig daran - ich konnte augenblicklich wieder atmen. Sie ließen mich zu Boden gleiten und hockten sich beide vor mich, ich zog krampfhaft Luft ein. Dann sah ich von Jason, der mich mit tropfnassem Gesicht musterte, zu Taylor und wieder zurück und es war, als würde ich in die Gesichter eines Engels und eines Dämons blicken. Taylors Augen waren so leuchtend blau und weit wie das Meer, Jasons dagegen so dunkel und tief wie ein Abgrund.

»Tut mir echt leid«, sagte Jason und kratzte sich verlegen am Hinterkopf.

»Muss wohl ein Reflex gewesen sein.« Ich machte eine wegwerfende Handbewegung und sagte:

»War nicht halb so schlimm, wie es aussah.« Sie lachten, dann raunte Jason Taylor zu:

»Ich glaube, sie steht auf Prügel.«

»Scheint so«, bestätigte er lächelnd.

»Also, ich hab gleich eine Lesung. Alles wieder in Ordnung?«, fragte Jason und erhob sich. Ich nickte, als Taylor einwarf:

»Geh ruhig. Ich kümmere mich um sie.«

»Klar machst du das, Bruder«, sagte Jason und das in einem Ton, den ich nicht ganz deuten konnte. Er wischte sich mit dem Handtuch über das feuchte Gesicht und wandte sich zum Gehen. Dann, als hätte dieser kleine Zwischenfall nie stattgefunden, verfiel er wieder in seine übliche Art und sagte:

»War mir ein Vergnügen, dich flachzulegen, Rotschopf. Ruf mich an, wenn du eine Revanche willst.« Damit verließ er den Trainingsraum. Taylor und ich verzogen das Gesicht und weil ich mich aus irgendeinem Grund dafür verantwortlich fühlte, sein unmögliches Benehmen zu erklären, sagte ich:

»Er kann nichts dafür. Ist wohl ein Kindheitstrauma oder so.« Taylor lachte leise und zog mich auf die Beine, dann verließen auch wir den Raum.

Kapitel 10

»Ist wirklich alles in Ordnung?«, fragte Taylor zum gefühlt hundertsten Mal.

»So ein Schlag kann einen lange außer Gefecht setzen.« Ich nickte.

»Dann bin ich entweder robuster als ich dachte oder Jason schlägt wie ein Mädchen«, sagte ich, um Taylor zu beruhigen. Insgeheim fragte ich mich allerdings, was wohl passiert wäre, wenn er es mit ganzer Kraft getan hätte. Wäre ich dann tot? Ich hatte schon von Todesfällen gehört, die genau wegen solch eines Schlages eingetreten waren. Das war echt beängstigend. Vor allem, weil ich nun einen weiteren Grund hatte, Jason aus dem Weg zu gehen. Er war nicht nur unheimlich, eingebildet und verrückt. Nein, er beherrschte auch noch Kampftechniken, die mir mit einem Schlag das Licht ausblasen konnten. Noch eindeutiger konnten die Zeichen nicht sein, dass mit diesem Typen irgendetwas nicht stimmte! Taylor hatte angeboten, mich nach Hause zu bringen und ich hatte nur allzu gerne zugestimmt. Weil das

Wetter auch noch so schön war, verzichteten wir auf den Bus und liefen zu Fuß. Wir hatten bereits die Hälfte des Weges zurückgelegt und waren in kurzes Schweigen verfallen, als er fragte:

»Du boxt also?« Als er mich ansah, riskierte ich einen kurzen Blick in seine meerblauen Augen und sah dann schnell wieder nach vorn. Man durfte ihm echt nicht zu lange in die Augen sehen. Sie waren wie zwei Strudel, die einen mitrissen und erst wieder freigaben, wenn man ertrunken war. Ich hatte wirklich Angst, zu sabbern und zu stottern, wenn ich ihn zu lange anblickte.

»Ich *habe* geboxt und wollte mich heute eigentlich nur aufwärmen. Aber dann hat mich Jason so sehr aufgeregt, dass ich es kaum erwarten konnte, ihm eine reinzuhauen.« Taylor lachte, dabei meinte ich jedes Wort todernst.

»Was ist das zwischen euch? So etwas wie Hassliebe? Oder seid ihr eins von diesen verkorksten Pärchen, die nicht mit und auch nicht ohne einander können?«, fragte er. Ich blieb stehen.

»Ähm, wie kommst du denn darauf?« Er blieb ebenfalls stehen.

»Naja, er guckt dich an, als würde er dich am liebsten fressen wollen und du …«

»Und ich, was?«, fragte ich mit hochgezogenen Brauen. Er winkte ab.

»Sorry, für mich hat's nur so ausgesehen, als würde da was zwischen euch laufen.« Und dann begleitete er mich trotzdem nach Hause?

»Da hast du wohl was falsch verstanden. Ich hasse diesen Typen und wenn ich gekonnt hätte, hätte ich ihn heute windelweich geprügelt.« Er lachte, dann sagte er:

»Du bist wirklich …«

»Ja?«, hakte ich nach, als er nicht weitersprach. Er grinste mich von der Seite an und schien nach den richtigen Worten zu suchen.

»Naja, sagen wir … anders.« Aha, das hörte sich jetzt aber alles andere als nach einem Kompliment an! Anders waren die pummeligen dicken Mädchen, die vielleicht lustig waren, mit denen man aber nicht unbedingt ausgehen wollte. War ich so eins?

»Anders als wer?«, hakte ich nach und als er meinen drohenden Unterton vernahm, hob er schmunzelnd die Hände.

»Anders als alle Frauen, die ich kenne, aber nicht im negativen Sinne. Ich kenne zum Beispiel keine, die sich mit einem Typen wie Jason anlegen würde. Eine Frau würde wohl eher ihren großen Bruder oder Freund auf Jason hetzen, aber du … du forderst ihn einfach so zum Kampf heraus. Das ist echt … cool.«

»Cool«, wiederholte ich zweifelnd und fasste mir automatisch an die schmerzende Stelle unter dem Brustbein.

»Du hast schon mitbekommen, dass ich beinahe erstickt wäre?« Daraufhin verfielen wir in Gelächter und je länger wir uns unterhielten, desto mehr kam ich zu dem Schluss, dass er nicht nur gut aussah, sondern nebenbei auch ein angenehmer und lustiger Gesprächspartner war. Brauchte ich für gewöhnlich eine halbe Stunde zu Fuß nach Hause, kam es mir mit ihm wie zehn Minuten vor, so sehr amüsierten wir uns unterwegs. Taylor war 23 Jahre alt und der mittlere von drei Kindern. Er hatte einen jüngeren Bruder, der noch in der Ausbildung war und eine Schwester, welche die Uni dieses Jahr abschließen würde. Er teilte sich mit drei Freunden eine WG, sah sich aber schon seit einiger Zeit nach einer eigenen

Wohnung um. Also, ich würde gern mit ihm zusammenziehen, so viel stand fest.

Als wir in der Einfahrt waren, kam Vicky gerade um die Ecke gerollt und hupte uns aus dem Weg. Als sie Taylor erkannte, kam ihr Wagen allerdings ruckelnd zum Stehen und sie machte große Augen.

Mit einem unterdrückten Grinsen begrüßte sie Taylor und warf mir dann einen vielsagenden Blick zu. Ich verdrehte die Augen und gab ihr zu verstehen, dass sie gefälligst weiterfahren sollte. Dass sie sich nicht zurückhalten konnte, bis wir alleine waren! Weil ich mir sicher war, dass ihm Vickys Blick nicht entgangen war, wandte ich mich mit einem entschuldigenden Lächeln an Taylor und sagte:

»Also, vielen Dank dass du mich begleitest hast. Wenn du willst, kannst du gerne zum Mittagessen bleiben, es gibt Spaghetti.« Gott, konnte meine Stimme vielleicht noch hoffnungsvoller klingen? Als wäre ich ein verknallter Teenager! Er räusperte sich verlegen.

»Danke für die Einladung, aber ich muss leider noch eine Menge lernen.« *Wir können doch zusammen lernen? Ich bin sicher, du kannst mir noch einiges beibringen.*

»Okay, na dann. Man sieht sich«, sagte ich und versuchte, mir meine Enttäuschung nicht anmerken zu lassen. *Natürlich will er nicht mit dir essen. Taylor steht nicht auf fahle Nudeln. Wahrscheinlich hat er dich nur nach Hause gebracht, weil er ein Gentleman ist*, schalt ich mich in Gedanken. Wie hatte ich auch nur eine Sekunde glauben können, dass sich ein Traummann wie Taylor für mich interessiert? Ich glaube, ich hatte in letzter Zeit zu viele Romane gutaussehender-Millionär-steht-auf-tollpatschige-durchschnittliche-Studentin gelesen, so dass meine Selbsteinschätzung etwas gelitten hat, denn im echten Leben ging es meist weniger märchenhaft zu. Man nehme nur mich und mein armseliges Liebesleben. Einmal verliebt, dutzendfach betrogen und nie mehr einen neuen Partner gefunden. Sah so vielleicht ein aufregendes Leben aus? Gott, vielleicht hechelte ich Taylor deshalb hinterher wie ein ausgehungerter Streuner.

Denn ausgehungert war ich auf jeden Fall und zwar vor Liebe. Und das Einzige, was diese Leere füllen konnte, waren die Seiten meiner kostbaren und geliebten Bücher. War das nicht traurig? Ich sollte mich vielleicht wieder vermehrt realistischerer

Lektüre zuwenden, anstatt ständig vor mich hinzuträumen. Als ich die Wohnungstür aufgeschlossen hatte, sah ich Vicky mit einem Eisbecher am Küchenfenster sitzen und nach draußen starren. Sie hatte uns beobachtet.

»Weißt du, langsam glaube ich, dass du nur so tust, als wärst du schüchtern und dass das deine Masche ist, die Männer rumzukriegen«, sagte sie und löffelte ihren Eisbecher so aggressiv aus, als wollte sie die Schale gleich mitabkratzen.

»Wenn das so wäre, könnte ich mich vor lauter Bewerbern kaum noch auf den Beinen halten, oder?«, entgegnete ich und nahm mir Orangensaft aus dem Kühlschrank.

Erst, als ich ihr rot angelaufenes Gesicht sah, wurde ich mir meiner Worte bewusst, dann prustete sie los. Okay, das mit den Beinen war vielleicht etwas unglücklich formuliert.

»Ich meine … du weißt, was ich meine, du Schwein«, sagte ich lachend.

»Klar«, entgegnete sie mit einem breiten Grinsen, doch dann beugte sie sich geheimnisvoll vor.

»Na, dann erzähl doch mal. Wie kommt es, dass dich sexy Taylor nach Hause bringt?«

***

»Okay. Langsam glaube ich wirklich, dass er ein Problem mit dir hat«, sagte sie, als ich ihr von meinem neusten Zusammenstoß mit Jason berichtet hatte.

»Sag ich ja«, antwortete ich und wollte gerade einen Plan aufstellen, wie wir ihn mir gemeinsam vom Hals schaffen konnten, als sie auf die Uhr sah und aufsprang.

»Ach Mist, ich muss mich fertig machen«, sagte sie und warf die, mittlerweile drei, leeren Joghurtbecher in den Müll.

»Lass mich raten. Irgendwo steigt ne Party?«, fragte ich gelangweilt.

»Genau. Kommst du mit?«, fragte sie und eilte ins Bad, um sich die Zähne zu putzen. Ich folgte ihr und lehnte mich an den Türrahmen.

»Geht nicht, ich muss lernen. Weißt du doch.« Zähneputzend sah sie mich an.

»Okay. Du verspríscht mir jescht, dasch du misch zu der näschten Party begleiteschte«, verlangte sie. Ich zog eine Grimasse.

»Wieso?« Sie spuckte die Zahnpaste aus, damit sie deutlich antworten konnte.

»Weil du mir allmählich auf den Wecker gehst mit deinen Ausreden. Als ich dir angeboten habe, bei mir zu wohnen, hast du mir versprochen, öfters mit mir wegzugehen.«

»War ich doch auch. Am ersten Schultag, auf der Strandparty.« Sie neigte den Kopf und sah mich vorwurfsvoll an.

»Einweihungspartys zählen nicht. Außerdem kannst du hier nicht ständig alleine bleiben. Du versauerst mir hier noch.«

»Eure Partys enden aber immer in irgendwelchen Katastrophen. Siehe den Polizeiauflauf beim letzten Mal«, sagte ich vorwurfsvoll. Sie sah mich verständnislos an.

»Wieso? Das war doch lustig.«

»Ja zum totlachen«, schnaubte ich.

»Du hast es aber versprochen«, sagte sie und blickte mich mit einer Schnute an. Da hatte sie Recht und was ich versprach, das hielt ich in der Regel auch.

»Okay, das nächste Mal komme ich mit.«

»Egal wohin und egal wann«, hakte sie nach und hielt mir die Hand hin. Ich schlug ein. »Abgemacht.«

»Gut und jetzt verzieh dich«, sagte sie grinsend und fuhr mit dem Zähneputzen fort. Das tat ich dann auch, doch bevor ich mich ans Lernen machte, rief ich meine Mutter an, die meinen Anruf schon sehnlichst erwartete, auch wenn ich das nicht ganz nachvollziehen konnte. Wenn ich mit meinen Eltern telefonierte oder eigentlich zählte das auch bei jeder anderen Person, dauerte das Gespräch meist nicht länger als ein paar Minuten. Ich war einfach nicht der Typ, der groß Smalltalk hielt – was besonders Vicky, das Plappermaul, an mir bemängelte.

Aber ich hatte einfach kein Talent dafür, ein Gespräch ordentlich zu verpacken oder in die Länge zu ziehen. Ich rief an, fragte, ob alles in Ordnung war, kam zum Punkt und legte wieder auf.

Alles, was davor oder danach kam, war für mich unwichtig.

Das war auch der Grund, warum mein Handy nur selten klingelte, aber ich fand das Telefonieren immer so unpersönlich. Lieber traf ich mich auf einen Kaffee oder wie ich es früher immer mit meiner alten

Schulfreundin Ricarda getan hatte, auf einer weiten Wiese im Park und tauschte Neuigkeiten aus. Das machte weit mehr Spaß, als in einen Hörer reinzusprechen. Und da das für Freunde wie Familie gleichermaßen galt, dauerte auch dieses Gespräch nicht allzu lange. Mom fragte, was es bei mir Neues gab, ich tat dasselbe und eh wir uns versahen, waren wir auch schon wieder am Ende des Telefonates angelangt. Meinen Vater rief ich erst gar nicht an, denn der war praktischerweise genauso mundfaul wie ich.

Ich glaube, in meinen 23 Jahren hatte er mich bisher nur vier Mal angerufen oder so. Bei Vicky hatte ich es schon mal fertig gebracht, eine Minute lang gar nichts zu sagen, so dass sie einfach aufgelegt hatte.

Vielleicht war das der Grund, warum sie nie abnahm, wenn ich anrief, überlegte ich schulterzuckend.

Mom würde mich im Laufe der Woche noch einmal anrufen und mir sagen, ob und wann sie nun kam.

Sie und Vickys Mom, Tante Angelica verstanden sich nämlich genauso gut wie wir Kinder und besuchten sich mindestens so oft wie wir.

Und wie ich sie kannte, würde sie sich die Gelegenheit nicht entgehen lassen, mich zu besuchen und zu schauen, was ich so tat.

Naja, so waren Mütter eben.

Kapitel 11

Bevor ich am nächsten Tag um 17 Uhr auf der Arbeit erschien, legte ich mir ein paar pastellfarbene Basic-Oberteile zu und machte mich dann auf den Weg zur Boutique. Heute herrschte deutlich mehr Kundenlauf, so dass ich mich in der Beratung üben und gleich ein paar Wissensschnipsel meiner neuen Stoffkenntnisse loslassen konnte, was Juliette außerordentlich erfreute. Ich richtete gerade die Taschen im Eingangsbereich, als zwei weitere Kunden das Geschäft betraten.

»Ist das nicht etwas übertrieben?«, fragte eine weibliche Stimme und veranlasste mich zum Umdrehen.

»Das ist meine Mutter. Da darf ich ja wohl etwas mehr Geld ausgeben, oder?«, antwortete eine männliche Stimme und gerade, als ich die Kunden mit einem *Herzlich Willkommen* begrüßen wollte, sah ich, um wen es sich handelte.

»Claire«, sagte Taylor überrascht und blieb stehen. Seine Begleiterin würdigte mich allerdings keines Blickes und lief geradewegs an mir vorbei und auf die neue Taschenkollektion zu. Aha. Deshalb hatte er nicht mit rein kommen wollen. Er hatte eine Freundin. Welche Überraschung!

»Hey«, erwiderte ich und sah ihr kurz hinterher.

»Arbeitest du hier?«, fragte er und im selben Moment fiel sein Blick auf mein Namensschild.

»Seit gestern«, antwortete ich und musste mich zusammennehmen, um ihn nicht wie bekloppt anzustarren. *Diese Augen!*, dachte ich mir und sah ebenfalls auf meinen Namen runter, um mich kurz zu sammeln. Er konnte einen wirklich aus der Bahn werfen, wenn er einen so ansah. Als würde man an einem sonnigen Tag aufs glitzernde Meer hinausschauen.

»Wie geht es deinem Solarplexus?«, fragte er grinsend.

»Funktioniert noch«, antwortete ich und stellte die Tasche, die ich noch in der Hand hielt, zurück ins Regal.

»Also, wie kann ich euch weiterhelfen?«

»Meine Mutter hat morgen Geburtstag und ich hab's total verpennt. Jetzt rennen wir hier schon seit drei Stunden rum und haben immer noch nichts gefunden. Bitte

Claire, sag mir, dass du was für mich hast. Du bist meine letzte Hoffnung«, sagte er und faltete die Hände zu einem Gebet. Ich lachte und bedeutete ihm mitzukommen.

»Darf ich fragen, welches Preissegment dir vorschwebt?«, fragte ich und war froh, dass Juliette gerade selbst mit einer Kundin beschäftigt war. Sie hätte es sicher nicht geschätzt, wenn ich einen Kunden nach seinem Budget fragte. Andererseits war mir Taylor ja kein Unbekannter. Ich blieb vor einer Stange mit bescheidener, aber exklusiver Auswahl an Mänteln stehen.

»Geld spielt eigentlich keine Rolle«, sagte er und sah sich die Mäntel an. Die Art und Weise, wie er es tat, ließ mich allerdings schmunzeln.

»Du hast keine Ahnung, was deiner Mutter gefällt, oder?« Er kratzte sich verlegen am Hinterkopf, als seine Freundin zu uns stieß. Jetzt erkannte ich sie als die Blondine, die in der Vorlesung neben ihm gesessen hatte. *Sag ich ja, blond una schön muss man sein*, dachte ich mir und verspürte dabei einen kleinen Stich. Doch nicht etwa vor Eifersucht, eher aus Resignation, weil ich es schon längst aufgegeben hatte, überhaupt jemals einen Freund zu finden. Nicht, dass ich mich hässlich oder unattraktiv fand. Doch es waren genau diese Momente, die mich innerlich verzweifeln ließen. Entweder interessierte sich ein Mann für mich und entsprach absolut nicht meinen Ansprüchen – welche nebenbei bemerkt nicht einmal besonders hoch waren – oder er war mein absoluter Traummann und bereits vergeben. Siehe Taylor. In der Hinsicht hatte ich einfach immer Pech.

»Ist das nicht etwas altbacken?«, fragte seine Freundin und betrachtete die Mäntel wenig begeistert.

»Ich weiß nicht, was glaubst du denn, würde meiner Mutter stehen?«, fragte Taylor und klang genervt.

»Keine Ahnung, ist ja nicht meine Mutter. Aber *das* würde ich ihr nicht zumuten.« Ich sah von einem zum anderen, dann sagte ich:

»Gut, dann lass uns die Taschen anschauen. Da ist bestimmt eine Passende dabei.« Doch kaum waren wir bei den Taschen angelangt, meldete sich auch schon wieder seine Freundin zu Wort.

»Hallo? Ist deine Mutter dafür nicht ein wenig zu alt? Ich meine, so eine Tasche würde mir vielleicht stehen, aber ihr?« Ich blinzelte, fassungslos über so eine unmögliche Art und wartete Taylors Urteil ab. Ich sah ihm an, dass ihm etwas scharfes auf der Zunge lag, doch dann fragte er an mich gewandt:

»Welche Tasche würdest du empfehlen?« Seine Freundin und ich sahen ihn etwa gleich begeistert an. *Sie kennt deine Mutter doch überhaupt nicht*, sah ich Blondie denken und das Gleiche schoss auch mir durch den Kopf.

»Also … ich finde, mit einer schwarzen kann man nichts falsch machen«, antwortete ich und deutete auf eine schlichte, aber elegante Henkeltasche.

»Zeitlos und elegant«, sagte ich und reichte sie ihm.

»Gut, die nehme ich«, antworte er nach kurzer Betrachtung. Ich warf einen kurzen Blick auf seine Freundin, die ihn schier mit ihren Blicken zu töten versuchte, doch er ignorierte sie beflissen. Also verschwand ich im Lager, um das gute Stück zu holen und gab Juliette Bescheid, dass ich sie an der Kasse brauchte. Kaum hatte ich mich jedoch ein Stück entfernt, hörte ich die beiden auch schon streiten.

»*Ihr* traust du also ein Urteil zu und mich ignorierst du? Sie kennt deine Mutter doch noch nicht mal!«

»Und trotzdem war sie hilfreicher, als *du* in den letzten drei Stunden zusammen«, entgegnete er. Als Juliette und ich zurückkamen, verstummten sie, doch die Spannung in der Luft war beinahe greifbar. Nachdem Taylor abkassiert wurde, begleitete ich die beiden zur Tür – so wie wir es bei zahlenden Kunden immer taten.

»Hat mich gefreut, dich wiederzusehen«, sagte Taylor, doch so wie seine Freundin mich anstarrte, hütete ich mich, dasselbe zu sagen.

»Man sieht sich bestimmt mal in der Uni«, erwiderte ich und kaum hatten sie das Geschäft verlassen, ging das Gestreite wieder los.

»Es hat dich gefreut, sie wiederzusehen? Wer war das überhaupt und wie kannst du es wagen …« Oh man! Was für eine reizende Freundin, dachte ich mir und arbeitete weiter.

Kapitel 12

Als ich die Wohnungstür aufschloss und ein leeres Haus vorfand, war ich nicht weiter überrascht, denn Vicky war abends eher selten zu Hause, entweder war sie mit Freunden unterwegs oder im Club feiern. Ich fragte mich manchmal wirklich, wie sie mit dieser Einstellung überhaupt durch die Prüfungen kam?

Ich lief ins Zimmer hinauf und legte meine Tasche ab, dann entledigte ich mich meiner Sachen und stieg unter die Dusche. Dabei machte ich mir schon mal Gedanken, was ich mir von meinem ersten Gehalt kaufen würde – ich brauchte nämlich unbedingt ein paar neue Shirts, keine pastellfarbenen, und mit meinem Auto wollte ich auch mal wieder fahren.

Als ich mich abgetrocknet hatte und das Bad verlassen wollte, überlegte ich es mir nochmal anders und wusch noch schnell meine Haare. Ich musste morgen früh raus und wollte in der Zeit, in der ich meine Haarwäsche gewaschen hätte, lieber noch etwas in dem Textilbuch lesen, das ich übermorgen wieder abgeben musste. Also beugte ich mich über die Badewanne und wusch meine Haare. Zehn Minuten später kam ich in einen Bademantel gewickelt die Treppe hinunter und steuerte die Küche an. Ich öffnete den Kühlschrank und holte die Lasagne heraus, die Vicky heute Mittag zubereitet hatte, um sie in der Mikrowelle aufzuwärmen. Als ich den Kühlschrank jedoch zuschlug und neben mir eine Gestalt wahrnahm, setzte mein Herz einen Moment lang aus.

Ich ließ die Lasagne zu Boden fallen und stolperte zurück, unfähig, einen Ton von mir zu geben.

Und erst als mein Rücken gegen den Tresen stieß und ich Jason erkannte, schien mein Herzschlag wieder einzusetzen. Mein Atem ging stoßweise und ich glaube, ich stand kurz vor einem Koller, denn meine Beine fühlten sich an, als würden sie jeden Moment nachgeben.

»Weißt du, ich habe nie verstanden, warum Frauen das Haarewaschen vom Duschen trennen«, sagte er und blickte mich durch seine dunklen Augen an.

Was …«, ich musste neu ansetzen, weil meine Stimme zu sehr zitterte.

»Was machst du hier, Jason?« Er stieß sich vom gegenüberliegenden Tresen ab und warf einen Blick auf das Messerset neben sich. Dann zog er ein langes Küchenmesser heraus, sah zuerst die Klinge an und dann mich. Ich war kurz davor, ohnmächtig zu werden.

»Ich habe doch gesagt, ich statte dir einen Besuch ab, wenn du meine Entschuldigung nicht ausrichtest. Dachtest du, ich hab das vergessen? Ich bin nur erst gestern Abend dazu gekommen, sie zu fragen.« Er schenkte mir ein bedrohliches Lächeln und näherte sich mir langsam. Oh Gott, er würde doch nicht? Als ich nach Luft schnappte und aus dem Küchenbereich zurückwich, blieb er stehen.

»Komm schon, Claire, du glaubst doch nicht wirklich, dass ich dich absteche, oder?« Er lachte über meinen ängstlichen Gesichtsausdruck, doch ich konnte leider gar nichts Lustiges an der Situation finden.

»Leg … leg einfach das Messer weg«, verlangte ich mit brüchiger Stimme.

»Okay, ich lege es weg, siehst du?« Langsam steckte er das Messer zurück und zeigte mir anschließend zur Verdeutlichung die Hände. Erst da entspannte ich mich ein wenig - obwohl ihn das nicht unbedingt harmloser machte.

Wenn er mich wirklich umbringen wollte, brauchte er dazu kein Messer. Siehe Solarplexus.

»Hey, jetzt mach doch nicht so ein Gesicht, Rotschopf. Das war doch nur Spaß«, sagte er. Spaß? In was für einer kranken Welt lebte er eigentlich? Ich wäre beinahe gestorben vor Angst! Er musste mir meine Gedanken angesehen haben, denn er sagte:

»Nachdem, was du dir geleistet hast, musste ich mich einfach an dir rächen. Weißt du, dass mich Vicky gestern vor allen Leuten zur Sau gemacht hat? Sie hat mir sogar meine Tour vermasselt und ich musste mit leeren Händen nach Hause gehen. Sei lieber froh, dass ich das entgangene Techtelmechtel nicht mit dir nachhole. Verdient hättest du es.« Ich schnaubte.

Als ob ich jemals mit ihm ins Bett steigen würde. Dieser Kerl war doch total irre! Er schenkte mir ein freundliches Lächeln, vermutlich, um mir die Angst zu nehmen und mich davon zu überzeigen, dass er wirklich kein Mörder war. Ich atmete tief durch und deutete dann zur Tür.

»Okay, ich glaube dir, dass du mich nicht umbringen willst, aber wenn du nicht auf der Stelle verschwindest, rufe ich die Polizei.« Er schenkte mir ein überhebliches Lächeln.

»Und was willst du denen erzählen? Dass ich eingebrochen bin?« Erst da wurde mir bewusst, dass er es irgendwie geschafft hatte, ins Haus zu kommen. Ich warf einen Blick auf die Eingangstür, die bei meiner Ankunft verschlossen gewesen war.

»Bist du etwa durch das Fenster geklettert?«, fragte ich und registrierte, wie meine Stimme allmählich wieder an Festigkeit gewann.

»Nein«, antwortete er und holte einen Schlüsselbund aus seiner Hosentasche.

»Als ich sagte, dass ich hier jederzeit ein- und ausgehen kann, habe ich nicht gelogen. Ich habe einen Schlüssel für das Haus.« Ich guckte dumm aus der Wäsche.

»Warum sollte Vicky ausgerechnet *dir* einen Ersatzschlüssel anvertrauen?«, fragte ich und hätte abgestoßener nicht klingen können.

»Weil ich meist derjenige bin, der Vicky nach den Partys nach Hause bringt. Außerdem vergisst sie so etwa ein Mal pro Woche ihren Schlüssel«, erklärte er und lief zum Kühlschrank hinüber, um sich wieder eine Cola herauszunehmen. *Merke: keine*

Cola-Dosen mehr kaufen! Ich verschränkte misstrauisch die Arme vor der Brust.

»Was ist das zwischen dir und Vicky? Habt ihr irgendeine verkorkste Bettgeschichte am Laufen?«, fragte ich, denn ich konnte mir einfach nicht erklären, warum sie sich sonst mit diesem Chaoten abgeben sollte.

»Nein, wieso? Bist du eifersüchtig?«, fragte er und nahm einen großzügigen Schluck.

»Ganz sicher nicht«, stieß ich angewidert hervor, was ihn schmunzeln ließ. Gott, dieser Typ war einfach zum Erschießen!

»Also, Rotschopf«, begann er, nachdem er die Cola, wie auch immer das so schnell ging, ausgetrunken hatte.

»So sehr ich unsere Gespräche auch schätze, aber ich habe leider noch was vor.« Damit stieß er sich von der Theke ab und marschierte in Richtung Tür.

»Zu schade«, sagte ich laut vernehmlich und folgte ihm.

»Kann ich davon ausgehen, dass du unser kleines Missverständnis bei Vicky richtig stellst?«, fragte er, als er über die Schwelle getreten war. Ich wollte ihm einfach die Tür vor den Kopf knallen, doch er hielt sie auf – leider.

»Claire?«, hakte er nach.

»Ja verdammt, ich stell das klar«, stieß ich hervor, dann, endlich, ging er. Als ich die Tür geschlossen hatte, lehnte ich meine Stirn dagegen und atmete tief durch. Ich musste irgendetwas gegen diesen Kerl unternehmen, er würde mich sonst in den Wahnsinn treiben.

Und als wäre meine Laune nicht schon schlecht genug, musste ich mir nochmal die Haare anfeuchten und föhnen, damit ich nicht wie ein explodierter Pudel aussah und sie in alle Himmelsrichtungen abstanden. Als ich das erledigt hatte, ließ ich mich erschöpft ins Bett fallen und überlegte, was ich gegen Jason unternehmen konnte.

Nach eingehender Überlegung kam ich allerdings nur auf zwei Möglichkeiten: Entweder würde ich ihn umbringen müssen oder aus dem Weg gehen. *Dein Glück, dass ich mir im Moment keinen Auftragskiller leisten kann*, dachte ich missmutig und fiel in einen traumlosen Schlaf.

Kapitel 13

»Wo bist du? Wo bist du? Wo bist du?«, murmelte ich vor mich hin, während ich mein Zimmer nach dem Textilbuch absuchte.

»Ich habe es doch gestern Nachmittag aufs Bett gelegt«, sprach ich zu mir selbst und blieb grübelnd davor stehen. Doch so lange ich das Bett auch anstarrte, es wollte das Buch einfach nicht ausspucken. Ich bückte mich zum gefühlt hundertsten Mal unter das Gestell und tastete mit meinen Fingern danach, doch alles, was ich fand, waren ein Stift, leeres Kaugummipapier und Chips-Krümel.

»Das gibt's doch nicht!«, rief ich frustriert und warf einen Blick auf die Uhr. Ich hatte mir gestern Abend extra die Haare gewaschen, um heute mehr Zeit zum Lesen zu haben und dann wache ich heute Morgen auf und was finde ich vor? Nichts! Es war halb zehn. Ich hatte also noch eine halbe Stunde, um mich anzuziehen, zur Arbeit zu fahren und den Laden zu öffnen. Also stieß ich einen frustrierten Seufzer aus und machte mich fertig. Es half ja alles nichts. Ich würde einfach heute Nachmittag noch einmal danach suchen. Als ich mich angezogen und zum Frühstück meinen Kaffee getrunken hatte - für feste Nahrung reichte mir einfach nicht die Zeit - sprang ich in meinen Wagen und fuhr zur Arbeit

Eigentlich hatte ich mir ja vorgenommen, erst zum Monatsende wieder zu fahren, wenn ich mein erstes Gehalt bekam, aber ich hatte heute Morgen zu viel Zeit mit Suchen verschwendet, so dass ich es mit dem öffentlichen Nahverkehr nicht mehr rechtzeitig zur Boutique geschafft hätte. Ich hatte Glück, dass sich Juliette selbst um einige Minuten verspätete, doch dass ich meine mangelhaften Stoffkenntnisse heute Morgen nicht aufgefrischt hatte, wurde mir zum Verhängnis, als mich Juliette eines Warentests unterzog.

Naja, so schlecht schnitt ich dann doch nicht ab, aber ich musste ihr versprechen, mich noch einmal gründlich mit der Materie zu beschäftigen. Da ich es ihr aber trotzdem morgen wieder zurückgeben musste - sie wollte es noch an jemand anderen verleihen - musste ich es heute finden. Meine ganze Schicht dachte ich angestrengt darüber nach, wo ich das Buch nur abgelegt haben könnte, als mir ein unglaublicher Gedanke kam.

»Nein!«, sagte ich laut und hätte beinahe das Kleid fallen gelassen, das ich soeben auf den Bügel hängen wollte.

Was ist, Liebes?«, fragte Juliette und schaute von der Kasse auf.

»Äh nichts«, winkte ich ab und starrte auf das Kleid. Das würde er nicht wagen, oder? Andererseits hatte sich Jason schon so einige Dinger geleistet und unberechenbar, wie er war, war ihm so gut wie alles zuzutrauen. Aber woher sollte er wissen, dass mir das Stoffbuch überhaupt wichtig war? Ich überlegte angestrengt, ob ich in der letzten Woche irgendetwas über meine Arbeit gesagt hatte, als er in der Nähe war. Und tatsächlich, jetzt, wenn ich so darüber nachdachte, hatte ich am Strand erwähnt, dass ich bald in einem Modegeschäft arbeiten würde. Aber das hatte ich doch nur so nebenbei erzählt. Unmöglich, dass er diese Information als so wichtig aufgefasst hatte, dass er mir damit eins auswischen wollte, oder? Andererseits hatte Vicky ihn als Genie bezeichnet und Genies merkten sich doch bestimmt auch die unbedeutendsten Dinge.

Ja, er musste es gewesen sein, das war die einzig mögliche Erklärung. Ich hatte mein Zimmer gründlich durchsucht und in den zwanzig Minuten, die ich duschen war, hätte er das Buch in aller Ruhe entwenden können. Apropos, wann hatte er das Haus überhaupt betreten? War er vor oder nach mir hereingekommen? Oh Gott und hatte er mich etwa beim Duschen beobachtet? Ich schüttelte den Kopf.

Ausgeschlossen. Das Bad hatte keine Fenster und da ich nicht nackt in die Dusche ein und ausgestiegen war, brauchte ich mir darüber keine Gedanken machen. Er war allerdings schon im Haus gewesen, als ich geduscht hatte, denn er hatte immerhin mitbekommen, dass ich zwei Mal unter dem Wasser gewesen war. Gott, dieser verdammte Mistkerl. Wenn er wirklich das Buch geklaut hatte, würde ich ihn eigenhändig umbringen.

Das schwor ich mir. Nach der Arbeit rief ich Vicky an, um Jasons Handynummer in Erfahrung zu bringen, doch wie so oft nahm sie nicht ab.

Als ich etwas später zu Hause eintraf - ich war noch Lebensmittel einkaufen - hatte ich sie vier Mal angerufen und einmal auf die Mailbox gesprochen – erfolglos.

»Komm schon verdammt, geh ran«, murmelte ich frustriert. Ich brauchte dieses Buch – heute noch! Ich warf das Handy frustriert auf die Wohnzimmer-Couch und räumte den Einkauf ein, um mich etwas abzulenken. Es half alles nichts. Sie würde erst rangehen, wenn sie rangehen wollte, egal, wie oft ich durchklingelte. Da konnte ich genauso gut schon mal Ordnung machen. Als ich das erledigt hatte und gerade das Wechselgeld in die Haushaltskasse legte, öffnete sich die Haustür.

»Na endlich!«, rief ich, kaum, dass Vicky die Tür geschlossen hatte. Sie sah mich neugierig an und fragte:

»Was gibt's denn?«

»Was es gibt? Ich habe dich tausend Mal angerufen, das gibt es«, erwiderte ich angekratzt. Sie zog ihre Schuhe aus und hängte den Mantel an die Garderobe.

»Sorry, ich war beschäftigt gewesen und hab die Anrufe gerade erst gesehen.«

»Ist ja auch egal«, winkte ich ab.

»Ich brauche Jasons Nummer.« Sie sah mich überrascht an.

»Jason?«

»Ja, Jason Westwood«, bestätigte ich ungeduldig.

»Er hat mir etwas gestohlen und das möchte ich wiederhaben.« Sie wollte gerade in die Küche gehen, hielt dann aber verblüfft inne. Ich hatte ihre volle Aufmerksamkeit.

»Okay. Das musst du mir genauer erklären.« Und das tat ich auch und als ich einige Minuten später fertig war, lachte sie lautstark.

»Und was genau ist daran jetzt lustig?«, fragte ich stirnrunzelnd und verschränkte die Arme vor der Brust.

»Das hat er nicht getan, oder?«, fragte sie und wischte sich die Tränen weg.

»Leider doch und zwar Wort für Wort«, bestätigte ich wenig begeistert.

»Er hat mir zwar gesagt, dass er sich dafür böse rächen wird, aber dass er dich zu Tode erschreckt und ein Buch mitgehen lässt, ist wirklich irre komisch.«

»Ja zum Totlachen«, bekräftigte ich kopfschüttelnd und verlangte erneut nach seiner Nummer. Sie gab sie mir.

»Ich glaube zwar nicht, dass er so schnell mit dem Buch rausrücken wird, aber viel Glück«, sagte sie und pflanzte sich vor den Fernseher. Ich lief in mein Zimmer, schloss die Tür und setzte mich aufs Bett. Dann rief ich an.

»Hallo?«, erklang seine Stimme beim dritten Klingeln. Im Hintergrund konnte ich laute Stimmen hören.

»Ich will mein Buch zurück«, sagte ich ohne Umschweife. Es herrschte kurz Stille, dann sagte er:

»Kannst du deiner Cousine bitte ausrichten, dass sie meine Nummer nicht an dahergelaufene Groupies verteilen soll? Danke.«

»Ich meine es ernst, Jason! Ich will mein Buch zurück oder ich schwöre dir ...« Doch das Telefon tutete bereits.

»Das hat er nicht getan«, flüsterte ich fassungslos und starrte das Handy an.

»Dieser verdammte ...« Ich riss die Zimmertür auf und stampfte die Treppen hinunter.

»Gib mir seine Adresse, ich bringe diesen Kerl um.« Vicky drehte sich Chips kauend zu mir um.

»Iff hätte dir gleif sagen können, daff er nift kooperiert. Er mag ef nift sonderlif, wenn man ihm droht«, mampfte sie.

»Woher willst du wissen, dass ich ihm gedroht habe?«, fragte ich und riss ihr ungefragt die Tüte aus der Hand.

»Hey!«, protestierte sie, als ich mich ihr gegenüber setzte und selbst hineinlangte.

Auf meine Frage hin zog sie eine Grimasse.

»Hallo? Kennen wir uns? Du bist sozusagen der Inbegriff der Drohungen. Die Drohkönigin, wenn man so sagen will.« Ich schnaubte. »Das scheint Jason aber nicht sonderlich zu beeindrucken«, sagte ich und stopfte gleich eine ganze Handvoll Chips in meinen Mund. Vicky schaltete den Kanal um.

»Jason beeindruckt so gut wie gar nichts. Dich scheint er allerdings ganz interessant zu finden«, fügte sie hinzu und schielte zu mir herüber. Ich verschluckte mich beinahe an den Chips.

»Interessant? Muss ich dir nochmal aufzählen, was er sich bisher geleistet hat? Zuneigung sieht, glaube ich, anders aus.«

»Genau deswegen ja«, sagte sie und nutzte meine Verblüfftheit, um mir die Tüte zu entreißen.

»Ich kann mich nicht erinnern, wann er das letzte Mal so viel Zeit mit jemand verbracht hat. Normalerweise besorgt er sich ein einmaliges Date, manchmal dauert es auch mehrere Tage und dann sucht er sich eine Neue.« Ich lehnte mich zurück.

»Vicky. Ich kenne Jason gerade mal zwei Wochen. Von viel Zeit verbringen kann also kaum die Rede sein. Und nebenbei bemerkt ist er ein Arschloch.« Sie zuckte die Schultern.

»Ich weiß nicht. Trotzdem benimmt er sich irgendwie anders. Ich mag ihn, als Freund, aber wenn du einen Rat von Frau zu Frau hören willst, sei vorsichtig und halte dich von ihm fern.« Ich machte große Augen.

»Ich versuche mich ja, von ihm fern zu halten, aber dann entführt er mich entweder oder er dringt unerlaubt in dein Haus ein. Vielleicht solltest du mal darüber nachdenken, ihm die Schlüssel wegzunehmen.« Sie lachte.

»Bist du verrückt? Ohne ihn wäre ich aufgeschmissen. Aber im Ernst, er wäre … nicht gut für dich.« Ich stöhnte.

»Vicky. Ich hasse diesen Kerl. Nicht mal im Traum würde ich darauf kommen, irgendetwas mit ihm anzufangen.« Sie sah mich skeptisch an und biss sich auf die Unterlippe, dann sagte sie:

»Sei nicht sauer, Claire, aber du bist nun mal ein typisches Opfer, was solche Männer angeht.«

»Ha! Was soll das denn bitte heißen?«, fragte ich und richtete mich auf.

»Naja, du bist sozusagen ein Langzeit-Single, hast nicht viel Erfahrung mit Männern, was dir einer wie Jason sofort ansieht und du bist meine Cousine, was dich in seinen Augen interessant macht. Ich habe nämlich jedem Typen auf der Schule mit dem Leben gedroht, sollte er auf die Idee kommen, dich zu verarschen.« Okay, das war mir alles nichts Neues, aber bei dem letzten Satz fielen mir beinahe die Augen raus.

»Das hast du nicht!«, rief ich entsetzt und fügte nach kurzer Pause hinzu:

»Vicky. Ich bin zweiundzwanzig Jahre alt! Das kannst du doch nicht machen!« Als sie sich vor Lachen krümmte, begriff ich, dass sie mich nur auf den Arm genommen hatte.

»Reg dich ab, das habe ich nicht. Das heißt aber nicht, dass es nicht so ist. Alle meine Kumpels wissen, dass du tabu bist und das macht dich gerade interessant.« Als sie meinen Gesichtsausdruck sah, fügte sie hinzu:

»Komm schon, du weißt, was ich meine. Natürlich macht dich nicht nur *das* anziehend. Tu nicht immer so, als wärst du hässlich.«

»Mach ich ja nicht. Trotzdem kann ich mir nicht vorstellen, auch nur ansatzweise in sein Beuteschema zu passen, Cousine hin oder her. Und können wir das Thema jetzt bitte lassen? Ich will nur mein Buch und dazu muss ich wissen, wo er wohnt.«

»Das weiß ich nicht«, antwortete sie unerwartet. Ich starrte sie etwa eine halbe Minute an und fragte dann:

»Was soll das heißen, du weißt es nicht?« Sie zuckte die Schultern.

»Ich weiß es nicht, ich war noch nie bei ihm.«

»Dann ruf jemanden an, der es war. Was ist mit Zac oder Bryan?« Doch sie schüttelte den Kopf.

»Ob du es glaubst oder nicht, aber niemand weiß, wo er wohnt.« Ich zog eine Grimasse. »Ach komm, du verarschst mich doch.« Doch als sie erneut verneinte, begriff ich, dass sie es absolut ernst meinte.

»Das ist irgendwie gruselig«, bemerkte ich und überlegte, was ich jetzt machen sollte. Wenn ich nochmal anrief, würde er mich wahrscheinlich einfach wegdrücken - jetzt kannte er ja meine Nummer. Und wenn ich von Vickys Handy aus anrief, wüsste er auch, dass ich es bin.

»Okay, hat er irgendwelche Stammkneipen oder Clubs, in denen er sich aufhält? Er kommt mir nicht gerade wie der Typ vor, der um diese Uhrzeit zu Hause sitzt und lernt.« Vicky überlegte.

»Hm, er ist so gut wie jeden Abend Billard spielen. Es sei denn, er ist mit uns auf Achse oder anderweitig beschäftigt, wenn du verstehst.« Ich verdrehte die Augen. Natürlich verstand ich, wir redeten hier immerhin von Jason. Was mich zu der Frage brachte, wo er seine Betthäschen mit hinnahm, wenn nicht zu sich nach Hause? Moment mal. Was interessierte mich das überhaupt? Ich schüttelte den Kopf, um die unsinnigen Gedanken loszuwerden und fragte:

»Und in welcher Bar ist das?«

»Im Mickeys«, antwortete sie und scheffelte weiter Chips in sich hinein.

»Das neben der Spielbank?«, hakte ich nach. Als sie nickte, sprang ich auf.

»Das kenne ich. Es liegt auf dem Weg zur Arbeit.« Als ich mir die Chips-Krümel von der Hose strich, fragte sie:

»Willst du etwa *jetzt* dahin?« Ich nickte.

»In diesem Aufzug?«, hakte sie nach. Ich betrachtete meine dunkelblaue Jeans und das locker sitzende Shirt.

»Warum nicht? Ist ne Bar oder?«

»Das schon, trotzdem lassen sie nicht jeden rein und wenn, dann muss man schon nach was aussehen.«

»Dann kleide mich eben ein«, verlangte ich, woraufhin wir in meinem Zimmer verschwanden. Doch nachdem sie meinen Kleiderschrank erfolglos durchwühlt hatte, drehte sie sich mit einem Seufzer zu mir um.

»So wird das nichts. Ich muss dir was von mir geben.« Also gingen wir in ihr Zimmer, das vor lauter Rosa nur so strotzte. Gut, Vicky hatte vielleicht kein Prinzessinnen-Zimmer, aber rosa Vorhänge, Bettwäsche und Dekor auf weißem Teppich und das Mobiliar war doch verdammt kitschig.

Vicky reichte mir ein dunkelblaues Top, das tiefe Einblicke in mein Dekolleté zuließ, zumindest für meinen Geschmack. Doch als ich sie darauf aufmerksam machte, tat sie meinen Einwand mit einem Augenrollen ab.

»Das ist ein ganz normaler Spaghettiträger. Die haben nun mal ein bisschen mehr Ausschnitt. Traurig, dass du sowas nicht kennst.« Doch Vicky war noch lange nicht zufrieden.

»Zieh einen Push-Up an«, verlangte sie, als ich das Top übergezogen hatte.

»Wieso?«, fragte ich. So klein waren meine Brüste nun auch nicht.

»Tu es einfach. Vertrau mir.« Also wechselte ich den BH und ließ mir schließlich das Oberteil richten, so dass mein Busen gut zur Geltung kam.

»Die Hose kannst du anlassen«, sagte sie gnädigerweise.

»Es soll ja nicht zu gewollt aussehen, aber an deinen Haaren müssen wir noch was ändern.« Sie riet mir, die Haare zu einem locker sitzenden Dutt hochzustecken und einzelne Haarsträhnen heraushängen zu lassen, also tat ich es. Man, ich hätte mir sogar einen Minirock und High Heels angezogen, wenn sie es verlangt hätte – nicht, dass ich in diesen Dingern laufen konnte. Aber wenn es meine Chancen erhöhte, in diese verdammte Bar zu kommen, hätte ich es getan. Zum Abschluss tuschte sie mir die Wimpern, setzte etwas Rouge auf und wollte mir Lippenstift auftragen, doch da rebellierte ich dann doch.

»Nichts da. Ich trage keinen Lippenstift.«

»Aber wenn du Eindruck schinden willst ...«

»Das bringt nichts, glaub mir. Ich hätte den Lippenstift aufgeleckt, noch eh ich die Bar betreten habe. Ich kann das Gefühl auf den Lippen einfach nicht ausstehen.« Vicky seufzte theatralisch.

»Gott, du bist echt unmöglich. Dann lass mich wenigstens noch ein bisschen Rouge auftragen.« Als ich mich anschließend im Spiegel betrachtete, fragte ich:

»Warum muss ich mich nochmal so aufdonnern? Hast du mich nicht vorhin noch gewarnt, dass ich mich von Jason fern halten soll? Im Moment sehe ich aber wie ein Jason-Lockvogel aus.« Ich zog mir eine Jacke über, als sie antwortete:

»Das erhöht aber nun mal deine Erfolgschancen. Und lass deine Jacke im Wagen, wenn du die Bar betrittst«, fügte mit einem kritischen Blick auf das besagte Kleidungsstück hinzu.

Dann schenkte sie mir ein Grinsen und fragte:

»Soll ich vielleicht mitkommen? Nur für den Fall, dass er dich anspringt?«

»Nein, ich mach das lieber selbst. Sonst zieht er mich demnächst noch damit auf, dass ich mich nicht alleine in eine Bar traue.

Es reicht schon, dass er mich ständig Rotschopf nennt.«

Vicky lachte, wohlwissend, dass ich es hasste, wenn man mich als rothaarig bezeichnete.

Kapitel 14

Schon von außen machte das *Mickeys* keinen frauenfreundlichen Eindruck. Laute, grölende Stimmen, beißender Zigarettenqualm, der in dicken Rauchschwaden aus den angekippten Fenstern drang - okay, das war vielleicht etwas übertrieben - und eine Menge Alkohol, dessen Gläser man schon von außen klirren hören konnte.

»Bist du mit jemandem hier?«, fragte der Mann neben dem Eingang und beäugte mich misstrauisch. Ich würde nicht so weit gehen, ihn als Türsteher zu bezeichnen, denn mit seinem verwitterten Gesicht, den strähnigen langen Haaren und knochendünnen Armen machte er keinen soliden Eindruck, aber womöglich sollte er ein Auge darauf haben, wer das Lokal betrat.

»Ich bin verabredet«, antwortete ich und lief selbstbewusst an ihm vorbei. Bevor ich die Tür jedoch passierte, raunte er mir zu. »Das hier ist kein Ort für dich, Schätzchen. Was auch immer du hier willst, mach schnell und dann geh nach Hause.« Damit nahm er einen Schluck aus seiner Whiskeyflasche und ich lief hinein. Okay, vielleicht war das mit den Rauchschwaden doch nicht so übertrieben gewesen, dachte ich, als ich die dicke Luft einatmete. Das Erste, was mir auffiel, war, dass ich außer drei Kellnerinnen nur eine von wenigen Frauen war.

Das männliche Geschlecht überwog hier eindeutig. Das Lokal war gut gefüllt und von jeder Menge zwielichtiger Gestalten heimgesucht, die mich nur allzu gut an Jason erinnerten. Hier wurde eine Menge Schwarz getragen, was mich ein bisschen schmunzeln ließ. Jetzt verstand ich, warum sich Jason fast jede Nacht hier herumtrieb. Hier musste er sich ja pudelwohl wohlfühlen. Das Lokal war überschaubar und so viel Schwarz ich auch sah, Jason hätte ich sofort erkannt, wenn er hier gewesen wäre.

Ich presste enttäuscht die Lippen zusammen, gab aber nicht so schnell auf. Wenn Jason fast jeden Abend hier war, konnte mir vielleicht einer der Mitarbeiter sagen, zu welcher Uhrzeit er für gewöhnlich auftauchte. Als ich die Bar ansteuerte, spürte ich den einen oder anderen Blick auf meinem Dekolleté haften, ließ mir aber nichts anmerken. So viel Testosteron auf einen Haufen, gemischt mit jeder Menge Alkohol – was erwartete ich da?

»Entschuldigen Sie«, sagte ich zu der tätowierten Barkeeperin und unterbrach sie in ihrer Arbeit. »Ich suche einen Jason Westwood. Haben Sie ihn heute schon gesehen?« Entschuldigend schüttelte sie den Kopf.

»Nie von ihm gehört.«

»Groß, schwarze Haare, schwarze Sachen«, versuchte ich es weiter, was sie auflachen ließ.

»Das trifft hier auf so ziemlich jeden zu.« Okay, stimmt. Das hätte ich mir wirklich sparen können.

»Versuchs mal im Dark Room«, schlug sie vor und deutete hinter mich. Dark Room? Ich folgte ihrer Geste und entdeckte eine Treppe am anderen Ende des Raumes.

»Danke«, sagte ich und befolgte ihren Vorschlag. Und während ich die Treppen hinabstieg, hoffte ich inständig, Jason hier unten anzutreffen. Denn das war meine letzte Chance, an das Buch zu kommen. Das Untergeschoss war nur spärlich beleuchtet und es gab viele Sitzecken, die so tief im Schatten lagen, dass man nur

schwache Umrisse erkennen konnte. Links von mir sah ich eine Gruppe Männer sitzen und Zigaretten rauchen. Dabei waren die glühenden Stängel, abgesehen von den schwachen Konturen, alles, was man von ihnen sah. Alles klar, jetzt verstand ich das mit dem Dark Room!
Ich ließ meinen Blick weiter schweifen und sah auf der anderen Seite einen Mann sitzen, umgeben von zwei Frauen, die …bäh, ich wandte schnell den Blick ab. Es gab noch unzählige weitere dunkle Winkel, doch weil ich nicht scharf darauf war, noch mehr eklige Sachen zu sehen, konzentrierte ich mich auf den Spielbereich am Ende des Raumes. Dort waren fünf Billardtische aufgebaut, welche durch schwache Deckenlampen beleuchtet wurden. Auch dieser Teil war nicht besonders hell, aber wenigstens konnte man dort mehr als nur Umrisse erkennen. Und dort entdeckte ich Jason. Ein finsteres Lächeln umspielte meine Lippen, als ich sah, dass er gerade dabei war, eine Kugel anzustoßen. Ich lief schnurstracks auf ihn zu und gerade, als er die Kugel berührte, sagte ich laut vernehmbar.

»Hallo, Jason.« Er zuckte zusammen, was dazu führte, dass er die Kugel mit solcher

Kraft anstieß, dass sie über die Tischkante hinausflog. Seine Mitspieler lachten laut und einer klopfte ihm breit grinsend auf die Schulter.

»Das macht dann wohl 300 Mücken, mein Freund.« Ups. Hatte ich ihn gerade um so viel Geld gebracht? Ich lächelte entschuldigend und sah dabei zu, wie er sich langsam aus seiner Spielerposition erhob und mich anstarrte. Ich konnte den Ausdruck nicht deuten, als seine Augen über meine Erscheinung wanderten, doch eines war sicher: Erfreut war er nicht.

»Ich will eine Revanche. Bin gleich wieder da«, sagte er und gab den Queue an einen der Männer weiter. Dann kam er um den Billardtisch herum und baute sich drohend vor mir auf.

»Was willst du hier, verdammt?« Ich verschränkte die Arme vor der Brust, etwas, das ich immer tat, wenn er mir zu nahe kam, wie mir bewusst wurde. Musste wohl eine Abwehrreaktion sein. Als sein Blick daraufhin auf meinen Ausschnitt fiel und mir bewusst wurde, dass ich damit meine Brüste noch mehr puschte, ließ ich die Arme ganz schnell wieder sinken.

»Ich glaube, das weißt du genau. Wo ist mein Buch?«

»Nicht hier und jetzt verschwinde«, gab er knurrend zurück.

»Und richte Vicky aus, dass sie ein Plappermaul ist.« Doch ich schüttelte den Kopf.

»Nichts da. Ich brauche das Buch bis morgen und ich werde hier nicht weggehen, bevor du es mir gegeben hast.«

»Hörst du mir nicht zu? Ich hab es nicht hier.«

»Dann fahren wir zu dir nach Hause und holen es«, erwiderte ich mit zusammengekniffenen Augen. Da lachte er, doch es war kein freundliches Lachen.

»Zieh Leine, Rotschopf. Das hier ist kein Ort für dich.« Er wandte sich von mir ab und ging zum Billardtisch zurück, doch wenn er dachte, dass ich mich davon abwimmeln ließ, kannte er mich nicht sonderlich. Ich war so sauer, dass mir jedes Mittel recht war, um mein Buch zu bekommen. Außerdem würde es riesen Spaß machen, ihm eins auszuwischen.

»Hey Jungs«, sagte ich an die Spieler gewandt und kam an den Tisch geschlendert.

»Ihr habt nicht zufällig noch einen Platz frei?« Die Angesprochenen beäugten mich abschätzend und einige ließen ihren Blick ganz unverfroren über mein Outfit wandern. Dann nickten sie zustimmend, Jason sah dagegen alles andere als glücklich aus und versuchte, meinen Blick einzufangen. Doch ich ignorierte ihn beflissen und legte meine Handtasche auf einem leeren Stuhl ab.

»Also, um was wird hier gespielt?«, fragte ich breit lächelnd, wohlwissend, dass es Jason gegen den Strich ging, wenn ich mich in seine Runde einmischte.

»Um Geld, Schätzchen«, antwortete ein Braunhaariger und stellte sich mir als Tory vor. Er checkte mich von oben bis unten ab, was ich widerlich fand, dennoch lächelte ich und ließ mir einen Queue geben.

»Ich hab kein Geld dabei«, sagte ich und setzte ein zuckersüßes Lächeln auf.

»Oh, das macht nichts«, antwortete er breit grinsend.

»Ich bin sicher, es gibt noch andere Möglichkeiten, deine Schuld zu begleichen. Wie wäre es stattdessen mit einem Kuss?« Damit nahm er meine Hand und besiegelte unsere Vereinbarung mit einem Händeschütteln. Ähhh, so war das aber nicht geplant. Während die anderen lachten, sah ich hilfesuchend zu Jason, der mir einen *Ich-hab-dich-gewarnt*-Blick zuwarf. Dann winkte er mich zu sich und verkündete laut:

»Sie spielt bei mir mit.« Das brachte ihm verblüffte Blicke ein.

»Du spielst doch nie im Team«, wandte ein kleiner Schwarzhaariger mit strähnigen langen Haaren und vernarbtem Gesicht ein.

»Heute schon«, erwiderte er knapp und zog mich unsanft zu sich heran.

»Hast du überhaupt schon mal Billard gespielt?«, fragte er streng.

»Ein oder zwei Mal«, gab ich zurück und konnte mir nicht erklären, warum er so wütend war. Das war doch nur ein Spiel und das mit dem Kuss war doch sicher nur als Spaß gemeint.

»Sag mal, hast du sie noch alle?«, fragte er und klang alles anders als erfreut.

»Was hast du eigentlich für ein Problem?«, fragte ich und riss mich von ihm los.

»Das hier sind nicht meine Freunde und auch keine harmlosen Billard-Spieler. Hier wird um ernste Dinge gespielt und wer einfach aussteigt oder sich nicht an die Vereinbarungen hält, bekommt schnell Ärger.« Ich schluckte.

»Oh«, sagte ich und drückte ihm den Queue in die Hand, doch er gab ihn mir zurück.

»Fürs Aussteigen ist es jetzt zu spät und um deinetwillen würde ich mich gut anstrengen.« Damit wandte er sich zu den wartenden Spielern und stieß mich unauffällig zum Billardtisch hinüber.

»Seid ihr Turteltäubchen fertig?«, fragte Tory und nahm einen großzügigen Schluck aus seinem Whiskeyglas. Dabei verweilte sein Blick für meinen Geschmack etwas zu lange auf mir. Ich fühlte mich augenblicklich unbehaglicher und ohrfeigte mich gedanklich. Was hatte ich mir nur dabei gedacht? Ein Kuss von einem Fremden? Andererseits hatte ich ja nicht wissen können, dass er das ernst meint.

»Ich wähle Vincent als Partner«, verkündete Tory, dann begannen wir zwei gegen zwei zu spielen. Ich bekam gnädigerweise den ersten Stoß, doch das wurde mir sofort zum Verhängnis, als ich so schwach anstieß, dass ich nicht eine Kugel versenkte.

Sofort verlor ich mein Zugrecht und die Umstehenden lachten sich schlapp. Torys Partner namens Vincent warf mir einen mitfühlenden Blick zu und Tory selbst zwinkerte erwartungsvoll. Ich warf einen Blick auf Jason, der einen Moment die Augen schloss, so, als frage er sich, womit er das verdient hatte, dann winkte er mich zu sich.

»Du weißt schon, dass du die halben Kugeln versenken musst, oder?«

»Das ist mir durchaus bewusst«, zischte ich.

»Ich bin eben etwas aus der Übung.« Er seufzte.

»Wenn ich dich hier heil rauskriege, bist du mir echt was schuldig.« Damit stieß er die Kugel an und versenkte gleich zwei Halbe auf einmal. Jason war wirklich ein begnadeter Spieler, wie ich im Laufe des Spiels feststellte und wann immer ich mir ein Foul leistete, was leider nicht selten vorkam, holte er die Punkte wieder ein. Das Problem war nur, dass unsere Gegenspieler Tory und Vincent mindestens genauso gut waren wie Jason und sich im Gegenteil zu mir keinen einzigen Fehler leisteten. Wenn man bedachte, wie viele Whiskeygläser sie während des Spiels hinunter kippten, ein Wunder. Und so war es nicht sonderlich überraschend, dass wir am Ende verloren.

Man musste Jason jedoch zugute halten, dass er wirklich sein Bestes gegeben hatte und wir auch nur sehr knapp unterlagen. Gereicht hatte es dann aber doch nicht. Die umstehenden Zuschauer johlten und klatschten, Jason und ich starrten uns an. Ich schüttelte kaum merklich den Kopf, denn ich würde sicher keinen Fremden küssen und Jasons Gesichtsausdruck nach hatte er das bereits befürchtet.

»Zwei Mal hintereinander, Jay. Ich kann mich nicht erinnern, dass du jemals so schlecht abgeschnitten hast«, lallte Tory und grinste über beide Ohren. Ich biss mir auf die Unterlippe, wohlwissend, dass *ich* für diese beiden Male verantwortlich war. Dann sah ich unauffällig zu Tory herüber. Sollte ich mich sträuben? Andererseits war es ja nur ein Kuss. Aber er war ein Fremder und er hatte Whiskey getrunken, dachte ich angeekelt.

»Das macht dann 600 Mäuse«, sagte er feixend und ließ sich das Geld geben. Ich musste schlucken, als Jason das Geld herausholte und ihm in die Hand drückte. So viel Geld und das alles nur wegen mir. Ich hätte sogar verstanden, wenn er mir das Leben ab sofort noch mehr zur Hölle machte. Als Tory das Geldbündel weggesteckt hatte, drehte er sich zu mir.

»Und nun zu dir, Süße«, sagte er und kam auf mich zu.

»Moment. Du hast dein Geld bekommen«, mischte sich Jason ein und stellte sich neben mich.

»Aber sie hat ebenfalls verloren und sie hat mir einen Kuss versprochen«, antwortete er leicht nuschelnd. Ich sah zu Jason auf, der mich als Einziger noch aus der Situation retten konnte. Und so eigenartig das Gefühl auch war, aber in seiner Nähe fühlte ich mich gerade am sichersten. Er war ein eingebildeter, herrischer und verboten gutaussehender Klugscheißer, trotzdem wollte ich mich in diesem Moment nicht von seiner Seite bewegen.

»Entscheide dich, Tory. Entweder das Geld oder ein Kuss«, forderte Jason mit glänzenden Augen. Tory starrte erst ihn, dann mich an, dann hob er erstaunt die Brauen.

»Sag bloß, dir liegt was an der Kleinen?«, fragte er, woraufhin einige Pfiffe und Lacher erklangen.

»Erzähl keinen Quatsch«, erwiderte Jason.

»Aber ich sehe es nicht ein, dir beides zu geben. Du wusstest von Anfang an, dass sie keine Chance hat.« Tory blickte mit gläsernen Augen auf mich herab und ich war sicher, dass der Alkohol seine Sinne schon zu sehr berauscht hatte. Wenn er bei klarem Verstand gewesen wäre, hätte er das Geld genommen und sich damit heute Abend noch ganz andere Dinge kaufen können, als nur ein Kuss. Abgesehen davon war der Kuss einer Fremden doch gar nicht so viel wert? Doch entweder wollte er Jason ärgern oder er war wirklich schon zu betrunken, denn er entschied sich für mich.

»Wenn das so ist, entscheide ich mich für den Kuss«, nuschelte er, woraufhin ihm einige Mut zuriefen.

»Äh, Jason?«, sagte ich und wich zurück, als sich mir Tory erwartungsvoll näherte. Ich stieß mit dem Rücken gegen jemand anderen, als sich plötzlich eine Hand um meinen Arm legte. Ich versuchte mich von demjenigen loszureißen, doch er verstärkte seinen Griff nur noch.

»Lass sie los«, verlangte Jason und das in einem Tonfall, der mir einen eiskalten Schauer über den Rücken jagte. Nie würde ich wollen, dass er diesen Ton bei mir anschlägt. Von einer auf die andere Sekunde kippte die Stimmung und ich sah die Schlägerei schon kommen – die dann allein meine Schuld gewesen wäre. Tory stieß Jason von sich und die Umstehenden näherten sich, bereit, eine Prügelei anzufangen. Ich sah, wie sich Jasons Körper anspannte, bereit zum Kampf und traf eine Entscheidung.

Ich konnte nicht untätig herumstehen und ihn sich für mich prügeln lassen. Gut, er hatte mein Buch gestohlen, aber das hier war es wirklich nicht wert.

»Hört auf«, rief ich und riss mich von dem Kerl los. Damit näherte ich mich Tory, nahm sein Gesicht in beide Hände und presste ihm einen Kuss auf den Mund. Dabei vernahm ich seinen Whiskey-belasteten Atem, kalten Zigarettengeschmack und konnte nur mit Mühe ein Laut des Ekels unterdrücken. Als ich von ihm abgelassen hatte, drehte ich mich zu Jason um und fragte:

»Kommst du?« Doch ich wartete seine Antwort erst gar nicht ab, sondern steuerte eilig die Treppe an, nur um mir, kaum dass ich außer Sichtweite war, energisch den Mund abzuwischen.

Kapitel 15

Als ich über die Straße gelaufen war und gerade in mein Auto steigen wollte, holte mich Jason ein.

»Hey, alles in Ordnung?«, fragte er und sah mir dabei zu, wie ich meinen Autoschlüssel aus der Handtasche kramte.

»Ja, alles bestens«, antwortete ich knapp.

»So siehst du aber nicht aus«, bemerkte er ruhig. Ich sah von meiner Tasche auf und fragte:

»Was soll denn sein? Es war nur ein Kuss. Ich werde deswegen schon nicht zusammenbrechen, es war trotzdem nicht unbedingt angenehm.

Hol du dir lieber dein Geld zurück, sonst hat er doch beides bekommen.« Endlich fand ich meinen Schlüssel und stieg auf den Fahrersitz.

»Tut mir leid, dass ich so einfach da reingeplatzt bin und es tut mir leid, dass du meinetwegen so viel Geld verloren hast«, sagte ich und startete den Motor. Jason runzelte die Stirn.

»Was ist mit deinem Buch?« Ich zuckte die Schultern.

»Das ist jetzt eh egal. Ich will nur noch nach Hause. Ach und noch etwas«, fügte ich hinzu.

»Für meinen Geschmack hatten wir erst einmal genug miteinander zu tun.« Damit rollte ich vom Parkplatz. Im Seitenspiegel sah ich noch, wie er mir vollkommen verdattert hinterherschaute, was mich beinahe lächeln ließ. Ein sprachloser Jason, das war mal eine Prämiere.

Als ich um die Ecke gebogen war, wischte ich mir noch einmal über den Mund und nahm mir vor, zu Hause gründlich die Zähne zu putzen.

Das war natürlich vollkommener Blödsinn, denn er hatte ja nur meine Lippen berührt, aber schon die bloße Erinnerung an den kalten Zigarettengeschmack ließ mich würgen. Nie wieder würde ich einen Fuß in diese Bar setzen und um weitere solcher Unannehmlichkeiten zu vermeiden, sollte ich mich auch nie wieder Jason nähern. Vicky hatte recht gehabt – er war nicht gut für mich. In jedweder Hinsicht.

***

Ich schloss die Wohnungstür auf und sah Vicky noch an derselben Stelle sitzen und

Fernseher gucken. Sie hatte ihr Handy am Ohr und drehte sich zu mir um, als ich die Tür schloss.

»Alles klar, bis dann«, sagte sie und legte auf.

»Kannst du mir mal verraten, warum mich Jason anruft, wenn du gerade bei ihm warst?«, fragte sie und legte das Handy weg. Ich kam zu ihr und zog mir dabei die Jacke aus.

»Was wollte er denn?«, fragte ich.

»Wissen, wann du morgen arbeiten musst. Er will dir das Buch vorbeibringen.«

»Aha«, sagte ich und hängte die Jacke an die Garderobe. Vicky hob fragend die Brauen. »Aha? Willst du mir nicht sagen, was passiert ist?«

»Nicht jetzt. Ich bin total fertig«, winkte ich ab und lief ins Bad, um mir die Zähne zu putzen. Tatsächlich war ich alles andere als müde, nicht nach diesem Abend. Doch ich wollte auch den ganzen Qualm loswerden, der sich in meinen Haaren und auf meiner Haut festgesetzt hatte. Und dafür gönnte ich mir ein erholsames Bad. Ich ließ lauwarmes Wasser in die Badewanne laufen, gab eine großzügige Portion Badelotion dazu und stieg langsam hinein. Und während ich mich mit dem

Massageschwamm wusch, dachte ich über die letzte halbe Stunde nach.

Ich musste zugeben, dass ich nicht erwartet hätte, dass mir Jason zur Seite steht. Wäre ich an seiner Stelle gewesen, hätte ich mich dem Typen einfach überlassen. Immerhin hatte ich mich ja in das Spiel eingemischt und keine andere Reaktion hätte ich von Jason erwartet. Doch statt mich den Haien vorzuwerfen, hatte er mich verteidigt und sich beinahe für mich geprügelt.

Warum? Weil ich Vickys Cousine war und er keinen Ärger mit seiner besten Freundin wollte und wessen Schuld war es überhaupt, dass wir in diese Situation geraten sind? Wenn ich nicht darauf bestanden hätte, mitzuspielen, hätte Jason nicht verloren und ich niemanden küssen müssen. Hätte er mir allerdings nicht das Buch gestohlen, wäre ich ihm auch nicht in die Bar gefolgt.

Das war aber nur geschehen, weil ich Vicky nicht die Wahrheit gesagt hatte und das hatte ich wiederum nicht getan, weil Jason mich einen *Niemand* genannt hatte.

Wie man es also auch dreht und wendet, wir passten einfach nicht zusammen. Wenn man nach der Ursache für unser ständiges Aufeinandertreffen suchen wollte, musste man wohl damit beginnen, dass wir uns nie hätten kennenlernen dürfen. Wir waren wie zwei gleiche Pole, die sich gegenseitig abstießen, nur dass wir eben nicht gleich waren, sondern von Grund auf verschieden.

Und wir passten in so vielerlei Hinsicht nicht zusammen, dass es schon lächerlich offensichtlich war. Nachdem ich mich etwa eine Stunde im Wasser aufgeweicht hatte, ging ich ins Bett. Doch ich brauchte noch ewig, um einzuschlafen.

Kapitel 16

Am nächsten Morgen wurde ich von lautem Gerumpel wach und öffnete lustlos die Augen. Ich war gestern erst so spät eingeschlafen, dass ich alles andere als ausgeruht war.

»Bist du das, Vic?«, stöhnte ich und das so leise, dass sie mich unmöglich hören konnte. Dafür hörte ich sie umso besser.

»Mist. Mist. Mist«, drang ihre Stimme durch die Zimmertür, woraufhin ich mich mürrisch aus dem Bett schwang. Es war bereits hell draußen und wohltuende Sonnenstrahlen drangen durch die Fenster. Ich riss die Zimmertür auf und rieb mir verwundert die Augen, als ich einen großen Wäscheberg auf dem Gang liegen sah.

»Was ist denn hier los?«, fragte ich. Da lugte Vickys Kopf aus ihrem Zimmer und antwortete:

»Ich habe in dreißig Minuten eine Lesung, das ist los.« Ihr Kopf verschwand wieder und ich hörte eine Schublade nach der anderen knallen. Daraufhin flogen weitere

Kleidungsstücke in den Flur hinaus und vergrößerten den Wäschehaufen.

»Aha«, sagte ich laut und folgte ihr ins Zimmer.

»Und deshalb brauchst du ein besonderes Outfit?«, fragte ich skeptisch. Es passte nämlich nicht zu meiner Cousine, so rücksichtslos mit ihren teuren Kleidern umzugehen – es sei denn …

»Da ist dieser süße Kerl, mit dem ich immer montags zusammensitze«, erklärte sie, doch bei *süßer Kerl* stieg ich bereits aus. Ich verdrehte die Augen und lief aus dem Zimmer, ohne ihren Worten weiter Beachtung zu schenken. Bei Vicky gab es immer diesen einen Kerl – und das etwa alle drei Monate!

Ich stieg die Treppe hinab, lief diesmal aber nicht in die Küche, um Wasser aufzusetzen, sondern steuerte die Wohnzimmercouch an. Ich war noch viel zu müde, um wach zu werden und wollte lieber noch etwas vor mich hinschlummern. Da ich dazu aber weit weg von Vicky sein musste, war ich gezwungen, mit dem Sofa vorlieb zu nehmen. Ich hatte mich gerade hingelegt, als es an der Haustür klingelte.

»Uff«, stöhnte ich und rappelte mich wieder auf.

»Erwartest du jemanden?«, rief ich und schlürfte zur Tür, doch Vicky antwortete nicht. Ich war wohl noch zu schlaftrunken, denn eigentlich hätte ich wissen müssen, wer mich da besuchen kam. Jason stand noch in denselben Klamotten vor mir, als wäre er noch nicht schlafen gewesen. Andererseits trug er immer schwarz, es konnte also gut möglich sein, dass er einfach andere Klamotten trug oder mehrere Ausführungen desselben Outfits hatte – auffallen würde es jedenfalls nicht.

»Ach ja, das Buch«, sagte ich und blickte verschlafen zu ihm auf. Vicky hatte ja erzählt, dass er es mir heute vorbeibringen wollte. Ich rieb mir erneut die Augen, als ich sein verschmitztes Lächeln bemerkte, wurde ich allerdings schlagartig wach. Wenn Jason so dreinblickte, hatte er meist irgendwelche schmutzigen Gedanken. Und als sein Blick demonstrativ zu meiner unteren Körperhälfte wanderte, wurde es mir schlagartig bewusst. Ich trug nur mein Spitzenhöschen und ein alles andere als blickdichtes Oberteil.

»Oh Gott«, rief ich und schlug ihm die Tür vor der Nase zu. Hektisch und mit glühenden Wangen lief ich zum Sofa und wickelte mich kurzerhand in die Tagesdecke ein. Dann ging ich wieder zur Tür, bevor ich sie jedoch öffnete, atmete ich einmal tief durch und richtete bei Gelegenheit auch gleich mein zotteliges Haar.

»Tschuldige«, sagte ich, als ich die Tür geöffnet hatte und hoffte, dass meine Wangen nicht allzu sehr glühten. Kommentarlos holte er das Buch unter seiner Jacke hervor und reichte es mir. Ich nahm es dankend entgegen und dachte mit Beschämung an den gestrigen Abend. Ich hatte Jason nicht nur um eine Menge Geld gebracht, sondern ihn auch noch gegen seine Spielpartner aufgehetzt.

Wenn er nie wieder ein Wort mit mir reden wollte, konnte ich das gut verstehen, dass er sich dann aber auch noch die Mühe machte und mir das Buch zurückbrachte, fand ich sehr nobel von ihm. Andererseits hatte er es gestohlen, das gehörte sich ebenfalls nicht. Und als hätte er meine Gedanken gelesen, sagte er:

»Ich würde sagen, jetzt sind wir quitt.«

Dem stimmte ich vollkommen zu. Seine nächsten Worte machten dieses einzigartige Gefühl, einmal seiner Meinung zu sein, allerdings gleich wieder zunichte.

»Und was die Sache mit dem nicht-mehr-sehen angeht: Jetzt fängt es doch gerade erst an, lustig zu werden«, damit machte er auf dem Absatz kehrt und marschierte davon. Ich starrte ihm sprachlos hinterher. Lustig? Er fand diese ständigen unnötigen Treffen zwischen uns lustig?

Ich schloss die Tür und beobachtete durch die Vorhänge, wie er davon fuhr, dann pflanzte ich mich auf das Sofa und frischte meine Stoffkenntnisse auf.

Kapitel 17

Trotz Jasons Andeutung, mich weiterhin belästigen zu wollen, blieb die nächste Woche doch weitgehend ereignislos, so dass ich mich wieder voll und ganz der Schule und Arbeit widmen konnte. Überhaupt ließ er sich nur selten blicken, weder in der Uni noch zu Hause, weshalb ich guter Dinge war, dass er vielleicht endlich das Interesse an mir verloren haben könnte. Es war Nachmittag und ich verließ gerade den Lesesaal, als ich Taylor über den Weg lief.

Er war in Footballuniform gekleidet und trug seinen Helm unter dem Arm geklemmt. Hinter sich schleppte er eine zehnköpfige Truppe mit, ebenfalls in Spielerkleidung.

Bei seinem Anblick musste ich sehr an mich halten, um ihn nicht wie blöd anzustarren, so knackig wie er aussah.

»Lass mich raten, Quarterback?«, tippte ich und begutachtete seine stattliche Erscheinung. Ich konnte nichts dafür, aber bei Uniformen, egal welcher Sportart, wurde ich schwach - wobei Taylor auch ohne genau mein Typ war.

»Was hat mich verraten?«, fragte er schmunzelnd und gab mir die Hand. Er hatte einen sehr festen und warmen Händedruck. Mir fiel eine Gruppe Studentinnen ins Auge, die stehen geblieben waren und zu mir und der Footballmannschaft herüberschielten. Als wäre ich wieder in der Oberschule!

»Laufen in den Filmen nicht die wichtigsten Spieler immer vorne?«, sagte ich auf seine Frage hin. Das brachte ihn zum Lachen.

»Alle Spieler im Team sind wichtig. Du kannst dich gerne selbst davon überzeugen, wenn du Lust hast. In zwanzig Minuten haben wir ein Spiel.«

»Klar, warum nicht?«, stimmte ich zu. Ich hatte für heute sowieso nichts mehr vorgehabt, außer nach Hause zu gehen und zu lesen. Und wenn mich mein heimlicher Schwarm schon zu einem Spiel einlud, konnte ich wohl schlecht absagen.

»Also bis gleich.« Damit zogen er und seine Teamkollegen weiter und ich konnte mir nur mit Mühe ein Grinsen verkneifen. Warum fragte Taylor ausgerechnet *mich*, ob ich bei einem Spiel zugucken wollte?

Mochte er mich etwa mehr als nur freundschaftlich? Dann dachte ich allerdings an seine Freundin zurück und mein Hochgefühl bekam einen gewaltigen Dämpfer. Wahrscheinlich hatte er immer noch ein schlechtes Gewissen, weil er mich damals umgenietet hat.

Ich sollte mir also keine falschen Hoffnungen machen. Ich begab mich zur Kantine, besorgte mir einen Schokoriegel und stilles Wasser und machte mich dann zum Sportplatz auf. Taylors Mannschaft hatte schon in der vergangenen Woche ein Spiel gehabt, doch da war ich zu beschäftigt gewesen, um es mir anzuschauen.

Und da am nächsten Tag die halbe Uni davon gesprochen und unsere Mannschaft als sehr talentiert gelobt hatte, freute ich mich umso mehr, heute dabei zu sein. Ich konnte mich nicht für viele Sportarten begeistern – Fußball hasste ich zum Beispiel auf den Tod.

Reiten und Football dagegen schaute ich mir das ein oder andere Mal auch im Fernsehen an. Am Rande des großzügigen Felds waren zwei Tribünen aufgebaut, die gestern noch nicht da gewesen waren. Und weil sich schon eine Vielzahl an

Zuschauern darauf niedergelassen hatte, beeilte ich mich, noch einen Platz zu ergattern. Ich fand einen in der dritten Reihe, ganz außen, ließ mich darauf nieder und verputzte erwartungsvoll meinen Riegel. Als zehn Minuten später das Spiel begann und die Mannschaften das Feld betraten, fühlte ich mich tatsächlich, als säße ich in einem Stadion.

Die Frauen klatschten, die Männer grölten und als unsere Spieler in die Zuschauermenge winkten, ließ auch ich mich zu einem schüchternen Ausruf hinreißen. Wer in dem ganzen Durcheinander Taylor war, konnte ich wegen der Helme allerdings nicht feststellen, zumindest solange nicht, bis der Pfiff erklang und das Spiel begann. Denn danach war es nicht mehr allzu schwer, zwischen dem schwarzen Quarterback der gegnerischen Mannschaft und Taylor zu unterscheiden.

Ich nahm mir vor, von nun an häufiger zum Spiel zu kommen, denn es dauerte nicht lange und ich war, mitsamt Jubeln und Klatschen voll und ganz dabei. Wie mochte es wohl erst beim professionellen Football oder Super Bowl sein? Als mitten im Spiel meine Jackentasche vibrierte, holte ich mein Handy hervor und las zügig die SMS, damit ich auch ja keinen von Taylors gerissenen Zügen verpasste. Was dort stand, ließ mich das Spiel allerdings für einen Moment vergessen. *Hast du schon mitbekommen? Jasons Wohnung ist abgebrannt. Ruf mich an, wenn du Zeit hast.* Ich starrte auf den Text und musste ihn drei Mal lesen, um die Worte zu begreifen. Mein Gott, das war ja schrecklich. Lebte er noch? War er verletzt?

Vicky hätte doch sicher erwähnt, wenn etwas Ernstes passiert wäre, oder? Ich hatte in Kindesjahren selbst mal einen Hausbrand miterlebt und das Schlimmste, das mir in Erinnerung geblieben ist, waren meine gesamten Spielsachen und Prinzessinnenkleider, die wegen dem Ruß weggeschmissen werden mussten.

Seitdem hatte ich nie wieder heimlich mit Feuerzeugen gespielt, wobei der Brand nicht einmal mein Verschulden gewesen war.

Aber wenn es für mich als Kind schon schrecklich gewesen war, wie musste sich dann ein Erwachsener erst fühlen? All die Wertsachen, Unterlagen, Erinnerungsfotos. Und auch wenn ich Jason vielleicht nicht sonderlich mochte, *das* hatte er nicht verdient. *Ich ruf dich in einer Stunde zurück*, schrieb ich.

Genau in diesem Moment ertönte der Pfiff zur Halbzeit und ich checkte noch schnell meine E-Mails. Und gerade als ich das Handy wegstecken wollte, legte sich ein Schatten über mein Gesicht und ich sah auf. Dunkelrotes Haar, Smokey Eyes und geschürzte Lippen. War das nicht Taylors Freundin?

»Hi«, sagte sie mit zuckersüßer Stimme und lächelte kalt auf mich herab.

»Hi«, erwiderte ich vorsichtig und steckte das Handy weg. Irgendwie war mir ihr Besuch nicht geheuer. Wollte sie mir etwa Vorhaltungen wegen der Sache in der Boutique machen?

»Er hat dich zum Spiel eingeladen«, sagte sie und warf einen Blick über die Schulter. Woher wusste sie das? Hey, moment mal. Hatte sie nicht in der Gruppe auf dem Flur gestanden? Jetzt erkannte sich sie erst wieder. Aber warum war sie dann nicht zu mir und Taylor gekommen?

Er und seine Kammeraden hatten einen Kreis gebildet und berieten sich für die nächste Halbzeit. Sie standen nur fünf Reihen unter uns.

»Hör zu, wenn ihr irgendwelche Beziehungsprobleme habt ...« doch sie fiel mir sofort ins Wort oder besser gesagt, sie schrie:

»Beziehungsprobleme? Er hat mit mir Schluss gemacht, du blöde Schlampe.« Ich machte große Augen und lehnte mich zurück, als sie sich bedrohlich über mich beugte. Irgendwie sahen ihre Pupillen stark geweitet aus.

Hatte sie getrunken? Alle Anwesenden drehten sich zu uns um und ich war einen Moment wie vor den Kopf gestoßen.

»Das ... tut mir leid für dich«, sagte ich aufrichtig und blickte zu ihr auf. Sie lachte abfällig und verschränkte die Arme vor der Brust.

»So siehst du auch aus. Mischst du dich eigentlich immer in andere Beziehungen ein und spannst die Kerle aus?«, fragte sie und war den Tränen nah.

»Bitte?«, fragte ich ehrlich schockiert. Das ging jetzt aber wirklich zu weit. Gerade als ich antworten wollte, tauchte Taylor hinter ihr auf.

»Was soll das, Kate, warum brüllst du hier so rum?«, fragte er mit ärgerlicher Miene.

»Weil sich diese Schlampe hier«, sagte sie und deutete auf mich, »in unsere Beziehung einmischt.«

»Okay«, sagte ich und erhob mich nun ebenfalls. Das musste ich mir nun wirklich nicht bieten lassen. doch ich kam auch diesmal nicht zum Sprechen, denn kaum hatte ich den Mund geöffnet, kam mir Taylor zuvor:

»Lass nur, Claire. Es hat keinen Sinn, darauf zu antworten. Nicht, bevor sie ihren Rausch ausgeschlafen hat«, sagte er mit einem strengen Blick auf Kate.

»Und unsere *Beziehung* ist längst vorbei.« Damit packte er sie am Arm und zog sie mit.

»Ich schwöre dir, wenn du dich ihm auch nur einmal näherst«, rief sie mir hinterher. Ich sah den beiden mit großen Augen nach, setzte mich wieder auf meinen Platz und holte mein Handy heraus, um darauf herum zu tippen. *Gott, ist das peinlich, die starren mich alle an*, dachte ich beschämt und versuchte die unzähligen Gesichter auszublenden.

Nie hätte ich gedacht, einmal im Mittelpunkt einer ausgewachsenen Beziehungskrise zu stehen - das war ja schrecklich! Als die Blicke allerdings nicht nachließen und sich schließlich auch noch aufgeregtes Getuschel dazu gesellte, wurde es mir zu blöd und ich setzte den Rückzug an. Das musste ich mir wirklich nicht antun. Und während ich über das Unigelände lief, dachte ich über Taylors Worte nach.

Sie waren also nicht mehr zusammen. Interessant. Sollte ich mich jetzt eigentlich freuen oder die Ursache hinterfragen? Nein.

Das ging mich nichts an. Andererseits: Warum ließ er sich überhaupt auf so jemand verkorkstes ein? Nicht nur, dass sie absolut herrisch und hysterisch war, offenbar hatte sie auch noch Drogenprobleme. Viel wichtiger war aber die Frage, ob Kate schon Drogen genommen hatte, bevor sie zusammengekommen sind oder weil sie Beziehungsprobleme gehabt hatten? Und nahm Taylor auch Drogen?

So viele Fragen wirbelten in meinem Kopf herum, doch auf keine von ihnen fand ich eine Antwort.

Vicky, die alte Quatschtante, wusste bestimmt über die beiden Bescheid und obwohl es mich absolut nichts anging, interessierte mich doch, wie es zu ihrem

Beziehungs-Aus gekommen war. Und vor allem, ob er mich nur eingeladen hatte, weil er Ablenkung suchte?

Im Gang hatte er jedenfalls nicht den Eindruck vermittelt, als nähme ihn das *Aus* sehr mit, wogegen Kate ja richtig aufgelöst gewesen war. Gott, ich sollte aufhören, mir Gedanken darüber zu machen.

Um mich abzulenken, rief ich Vicky an.

***

Wie ich im darauffolgenden Gespräch erfuhr, war Jasons Untermieter mit einer Zigarette in der Hand eingeschlafen, ist aber glücklicherweise wach geworden, bevor ihn das Feuer erreichten konnte. Die Ausbreitung hatte er allerdings nicht verhindern können und so hatte sich das Feuer in Jasons darüber liegende Wohnung und den seitlich angrenzenden Räumen ausgebreitet. Jasons Heim hatte es wohl nicht komplett erwischt, doch der Großteil war wegen des Rußes nicht mehr zu gebrauchen.

Vicky und seine Freunde waren gerade bei ihm. Na dann war ja zum Glück nochmal alles gut gegangen, dachte ich mir und stieg in den Bus. Zu Hause angekommen, machte ich mir was zu Essen und saugte anschließend das Haus durch, wofür ich fast eine ganze Stunde brauchte. Dann ging ich in die gruselige Kammer hinunter und holte die Wäsche, um sie im Garten aufzuhängen.

Und da schönes Wetter herrschte, nahm ich anschließend Kopfhörer und Handy mit und setzte mich auf die Gartenbank. Als ich zwei Stunden später wieder hineinging und mein Handy vibrierte, holte ich es heraus. *Bleibe heute Abend mit ein paar Leuten bei Jason. Warte also nicht mit dem Essen*, schrieb Vicky.

Na das nannte ich doch mal echte Kumpel, dachte ich mir und setzte einen großen Topf Wasser auf. Jason konnte von Glück sagen, dass er solche Freunde wie Vicky um sich hatte, wobei ich immer noch nicht genau verstand, was sie alle an ihm fanden, dass sie ihn einen guten Freund nannten.

Vielleicht benahm er sich wirklich nur bei mir so, überlegte ich, während ich einen Eintopf zubereitete.

Kapitel 18

Wenn sie nicht augenblicklich Ruhe gibt, bringe ich sie um, dachte ich mir und öffnete die Augen. Ich hatte die ganze Nacht durchgelernt und mich eigentlich auf einen erholsamen Langschlaf gefreut und jetzt dieser Krach! Ich hörte Vickys laute Stimme bis in die zweite Etage hinauf und schwang mich mürrisch aus dem Bett. *Ich bring sie um. Ich bring sie um!*

Da ich über Nacht das Fenster aufgelassen hatte - ich mochte es, mit offenem Fenster zu schlafen - war es ziemlich frisch, weswegen ich mir schnell einen Morgenmantel überwarf, bevor ich das Zimmer verließ. Mir meine Hetzrede zu Recht legend, stampfte ich die Treppen herunter und blieb wie dann wie angewurzelt stehen.

Rachel lehnte an der Küchentheke, in der Hand einen dampfenden Kaffee und ihr gegenüber Jason. Das alles wäre nicht weiter schlimm gewesen, wenn im Eingang nicht zwei Koffer gestanden hätten – Jasons Koffer. *Oh bitte nicht!*, dachte ich und war drauf und dann, wieder kehrt zu machen und in mein Zimmer zu marschieren. Warum tat sie mir das an? Wie konnte sie Jason ausgerechnet bei uns einziehen lassen? Nach allem, was geschehen war? Sie musste es mir angesehen haben, denn sie winkte mich mit einem entschuldigenden Lächeln zu sich heran.

»Kaffee?«, fragte sie und hielt mir ihre Tasse hin.

»Da brauche ich schon was Härteres«, sagte ich, nahm die Tasse aber entgegen.

»Hey, es ist ja nicht für immer. Und ich werde mich benehmen«, versprach Jason, doch ich war noch zu müde, um mir ein falsches Lächeln abzuringen oder so zu tun, als würde ich ihm glauben.

»Er hat es mir versprochen«, fügte Vicky augenzwinkernd hinzu, doch das Lächeln verging ihr, als sie meinen Gesichtsausdruck sah. Sie war ja sowas von tot und das wusste sie auch.

»Wie lange ist denn *nicht für immer*?«, hakte ich nach und nahm einen so großen Schluck, dass ich mir die Zunge verbrühte.

»Ein bis zwei Monate«, antwortete Jason, woraufhin ich mich verschluckte. Tränen stiegen mir in die Augen, als mir das heiße Getränk den Rachen verbrannte und Vicky musste mir auf den Rücken klopfen, damit ich wieder Luft bekam. Sie und Jason lachten sich schlapp über meine Reaktion, ich lief zum Waschbecken und spülte ein Glas Wasser hinterher.

»So eine Renovierung dauert leider seine Zeit und aus gesundheitlichen Gründen muss man eine Weile warten, bis die Wohnung wieder bewohnbar ist«, erklärte er. Mein Blick sagte ihm deutlich, dass mir das durchaus bewusst war, es mich aber nicht unbedingt besser stimmte. Doch er überging meinen Blick und verkniff sich erstaunlicherweise auch jeden Kommentar dazu.

»Ich nehme an, ich bekomme das Zimmer neben Claire?«, fragte er stattdessen und schnappte sich die Koffer. Vicky warf mir noch einen entschuldigenden Blick zu, dann nickte sie und begleitete ihn auf sein neues Zimmer. Als sie zehn Minuten später wiederkam, saß ich auf dem Sofa und schaute fern. Sie gesellte sich dazu und nahm eine unterwürfige Haltung an, als wäre sie ein geprügelter Hund.

»Ich bin toto oder?«, fragte sie mit einem verstohlenen Blick zu mir. Ich fuhr mir mit der Hand durchs Haar und sagte:

»Quatsch, er hat gerade seine Wohnung verloren und du biste seine beste Freundin. Ich kann verstehen, dass du ihn aufgenommen hast.« Das brachte sie zum Lachen.

»Und was denkst du wirklich?« Ich warf ihr einen Seitenblick zu.

»Dass ich ihn umbringen werde, wenn er sich mir auch nur einmal nähert.«

»Ich denke, das lässt sich einrichten, Rotschopf«, erklang Jasons Stimme von der Treppe her. Na, ich hoffte es. Nachdem er sich häuslich eingerichtet hatte, kam er ins Erdgeschoss und bereitete mit uns das Frühstück vor, wobei ich die Eier briet, Jason die Brötchen aufbackte und Vicky den Tisch deckte. Man musste Jason zu Gute halten, dass er sich wirklich benahm. Er beobachtete mich nicht, gab keine anzüglichen Bemerkungen von sich oder machte sich sonstwie über mich lustig.

Andererseits musste man aber bedenken, dass Vicky in der Nähe war - da schien er sich ja immer einigermaßen zu benehmen.

»Gibst du mir mal ein Messer?«, fragte sie, ohne sich zu mir umzudrehen und rückte die Teller zurecht. Da sie keinen Namen nannte, fühlten wir uns beide angesprochen, also nahm ich ein Messer aus dem Schubfach und Jason aus der sauberen Spülmaschine. Wir drehten uns gleichzeitig zu Vicky um und bemerkten unseren Patt, dann starrten wir uns einen Moment an, wobei ich die Augen drohend zusammenkniff. Seine Mundwinkel zuckten, dann steckte er sein Messer zurück und ich gab meines an Vicky weiter. *Na also, geht doch*, dachte ich zufrieden.

Je schneller er begriff, dass er hier nichts zu sagen hatte, desto besser. Als wir am Tisch saßen und uns über das reichhaltige Frühstück her machten, war es Vicky, die das Gespräch am Laufen hielt. Ich musste ihr zugute halten, dass sie Jason und mich nicht einmal in ein gemeinsames Gespräch zu verwickeln versuchte, sondern mal mit ihm und mal mit mir sprach.

So konnte ich mein Frühstück genießen, ohne gespielten Smalltalk zu halten und war erstaunt, wie locker ich mich geben konnte. Denn im Innern sah es ganz anders aus. Wie sollte ich Jason ganze zwei Monate aushalten? Er ging mir ja jetzt schon auf den Keks, dabei hatte er noch nicht einmal was getan.

Aber allein schon seine Anwesenheit machte mich rasig. War das krank? Hatte ich das Bieber – ich meine Jason-Fieber? Außerdem musste ich jetzt aufpassen, wie ich aus dem Zimmer ging, denn in Pyjama und Unterwäsche wollte ich mich ihm sicher nicht präsentieren.

Probleme über Probleme und das wieder einmal nur wegen diesem Idioten. Als mein Handy klingelte und das Gesicht meiner Mom auf dem Display aufleuchtete, lief ich in mein Zimmer hinauf, um mit ihr zu telefonieren. Sicher wollte sie mir berichten, wann sie mich besuchen kam.

***

Als ich eine Stunde später die Treppe runter kam, war Jason bereits zur Uni gefahren und Vicky goss die Zimmerpflanzen. Ich war froh, dass er schon weg war, denn es gab da noch etwas zu erledigen. Mit einem Edding, Tesaband und Notizblock bewaffnet, steuerte ich die Küche an, dann beschriftete ich die Zettel mit unseren Namen und öffnete den

Kühlschrank. Als Vicky und ich noch zu zweit waren, hatten wir keine Unterteilung gebraucht, denn was Süßigkeiten und Snacks anging, konnten wir uns nur selten für dieselben Dinge begeistern.

Doch nun, wo Jason dazu gezogen war, wollte ich verhindern, dass er sich an meinen geliebten Puddings und Milchschnitten vergriff, also teilte ich den Kühlschrank vorübergehend in drei Bereiche - jedes Fach mit einem Namen versehen. Als Vicky mit der leeren Kanne in die Küche kam und mein Erzeugnis betrachtete, lachte sie laut auf.

»Das ist doch wohl nicht dein Ernst, oder?« Ich begutachtete mein Werk zufrieden und schloss den Kühlschrank.

»Oh doch. Diese Mistmade wird sich ganz bestimmt nicht an meinen Puddings vergreifen. Und überhaupt habe ich keine Lust, mein Essen mit ihm zu teilen.« Kopfschüttelnd stellte sie die Kanne weg.

»Manchmal bist du echt unmöglich. Ich meine, so sehr kannst du ihn doch gar nicht hassen.« Ich hob ungläubig die Brauen und nahm mir einen Pudding aus dem Kühlschrank.

»Soll das ein Scherz sein? Wenn ich könnte, würde ich diesen arroganten Arsch umbringen. Nur habe ich keine große Lust, den Rest meines Lebens hinter Gittern zu verbringen.« Ich löffelte meinen Pudding aus, dann zogen wir uns um und fuhren mit Vickys Auto zur Waschanlage. Danach ging es direkt zur Uni. Wir liefen gerade über die große Wiese, als uns Taylor entgegenkam.

Und in dem Moment, indem ich ihn erblickte, wurde mir bewusst, dass ich mich neulich, nach seinem Spiel, gar nicht verabschiedet und ihn seither auch nicht gesehen hatte. Ob er sauer war? Ich würde es wohl jeden Augenblick erfahren.

»Hi«, begrüßte er uns beide, als im selben Augenblick Lynn hinter ihm auftauchte.

»Kommst du?«, fragte sie an Vicky gewandt und winkte mir kurz zu. Ich winkte zurück, dann drückte mir Vicky einen Kuss auf die Wange und sagte:

»Wir sehen uns nach dem Kurs.« Ihr verheißungsvoller Blick sagte mir, dass ich das folgende Gespräch mit Taylor dann bis ins kleinste Detail wiedergeben musste. Sie nickte ihm zu und schloss dann zu ihrer Freundin auf. Ich sah ihr nach, bis sie im Gebäude verschwanden, dann schaute ich zu Taylor, der mich genauso hilflos musterte wie ich ihn. Einen Moment warteten wir darauf, dass der andere etwas sagte, doch dann ergriff er das Wort:

»Was die Sache mit meiner Exfreundin angeht …«, begann er, doch ich unterbrach ihn.

»Hey, das ist deine Sache. Du musst dich nicht vor mir rechtfertigen.«

»Eigentlich schon. Ich hoffe nämlich nicht, dass du denkst, ich wechsle meine Freundinnen wie Unterwäsche. Kate und ich hatten schon länger Probleme und genaugenommen war an dem Tag in der Boutique das Fass endgültig übergelaufen.«

Warum erzählte er mir das?, fragte ich mich mit einem Kribbeln im Bauch. Ich meine, tat man das nicht nur, wenn man sich für jemanden interessierte?

»Wenn du also einen falschen Eindruck von mir bekommen hast ...« Ich schüttelte den Kopf.

»Hab ich nicht.« Er schenkte er mir ein warmes Lachen, das mein Herz einen Hüpfer machen ließ und dann fragte er etwas, womit ich in tausend Jahren nicht gerechnet hätte:

»Ist es dann zu unverfroren, dich zum Essen einzuladen?« Ich konnte den Impuls gerade noch unterdrücken, mich umzudrehen und nachzuhaken, ob er wirklich mich meinte - dadurch hätte ich mich allerdings nicht niedriger gemacht, als ich war. Stattdessen sagte ich:

»Gern.« Gern? Ich könnte mir tausend Dinge vorstellen, die ich in diesem Moment lieber gesagt oder getan hätte. Mich ihm an den Hals werfen und wie ein Honigkuchenpferd grinsen, zum Beispiel.

***

Oh mein Gott, ich habe ein Date!!!, simste ich Vicky zehn Minuten später, als ich auf dem Weg zu meinem Kurs war. Dabei zitterten meine Finger so sehr, dass ich drei Anläufe brauchte, um die Nachricht lesbar abzuschicken. *Was? Du kleine Ratte du! Einzelheiten in zwei Stunden,* kam es sofort zurück. Ich betrat den Kursraum und musste mich sehr zusammennehmen, um nicht über beide Ohren zu grinsen.

Ich meine, Taylor lädt mich zum Essen ein. Taylor, mein absoluter Traummann! Der Zeitpunkt stand zwar noch nicht fest, weil er die nächste Woche viel trainieren musste, aber die Tatsache, dass er mich überhaupt gefragt hatte, war schon Anlass genug, die Korken knallen zu lassen. Als ich in der Mitte des Raumes Zac entdeckte, gesellte ich mich zu ihm.

»Ist hier noch frei?«, fragte ich und schaute auf sein kastanienbraunes Haar herab.

»Klar, setz dich«, grinste er, als er mich erkannte und hob seine Tasche vom Stuhl, so dass ich mich setzen konnte. Das waren dann aber auch schon die einzigen Worte, die wir die nächsten zwei Stunden miteinander wechselten, denn es stellte sich heraus, dass Zac alles andere als gesprächig war. Vielleicht war er schüchtern oder ein Streber, überlegte ich oder ich hatte automatisch angenommen, dass er genauso überdreht war wie der Rest von Vickys Freunden.

Während des Kurses vibrierte mein Handy einige Male und zuerst dachte ich, es wäre Vicky, die vor Neugierde platzte und jetzt schon alle Einzelheiten erfahren wollte. Doch als ich auf das Display schielte, sah ich die Nummer der Boutique aufleuchten.

Sofort bekam ich ein schlechtes Gewissen. Hatte sich etwa eine Kundin über mich beschwert? Hatte ich zu wenig Geld in der Kasse gezählt? Kaum war der Kurs vorbei, trat ich auf den Flur und rief im Geschäft an. Wie sich im folgenden Gespräch herausstellte, hatte ich gottseidank nichts falsch gemacht. Mein Plausch mit Vicky musste allerdings bis heute Abend warten, denn meine mysteriöse Arbeitskollegin hatte sich krank gemeldet und Juliette bat mich, für sie einzuspringen. Ich würde auch entsprechend entschädigt werden und die Extrastunden bar auf die Hand bezahlt bekommen.

Da sagte ich natürlich nicht nein. Ich gab Vicky via SMS Bescheid und machte mich direkt auf den Weg zur Arbeit.

»Da bist du ja, Liebes«, begrüßte mich Juliette, als ich eine Stunde später das Geschäft betrat und drückte mir prompt die Ladenschlüssel in die Hand.

»Ich habe einen wichtigen Termin und muss dich leider alleine lassen«, sagte sie und verschwand hinter dem Tresen.

»Die Neuware muss noch gesichert und etikettiert werden, ansonsten ist nicht viel zu tun.« Damit drückte sie mir meinen Lohn in die Hand und packte sogar noch einen Obolus drauf.

»Wenn du Hunger hast, bestell dir gern was aufs Haus.« damit eilte sie aus dem Geschäft und war verschwunden. Ich betrachtete verblüfft die Scheine in meiner Hand und steckte sie dann weg. Doch der Lohnzuschlag war nicht das einzig Positive an diesem Tag.

Da es mitten in der Woche war, verirrte sich kaum ein Kunde in die Boutique, so dass ich in Ruhe meine Arbeit erledigen und die letzten Stunden mit Lernen verbringen konnte.

Ich musste sagen, dass es durchaus öfters so laufen konnte.

Kapitel 19

Als ich nach Hause kam, war ich vom vielen Lernen erschöpft und freute mich daher umso mehr, den restlichen Tag nun in aller Ruhe ausklingen zu lassen. Vielleicht schaute ich mir nach langer Zeit mal wieder einen Film an?, überlegte ich und schloss die Wohnungstür auf. Ich blieb allerdings wie angewurzelt stehen, als ich Jason auf dem Sofa sitzen sah. Es dauerte ein, zwei Sekunden, bis ich mich daran erinnerte, dass er ja ab sofort Mitglied dieser Wohngemeinschaft war. Ob ich mich die nächsten Wochen wohl jemals daran gewöhnen würde?

»Hi«, sagte ich und steuerte die Küche an, nachdem ich mich ausgezogen hatte.

»Hallo, Sonnenschein«, antwortete er, woraufhin ich die Augen verdrehte. Ich hätte wissen müssen, dass er seine gespielte Freundlichkeit ablegte, sobald Vicky nicht mehr in der Nähe war, alles andere wäre ja auch zu schön gewesen. Ich hatte das Zimmer schon halb durchquert, als ich zufällig einen Blick auf Jasons Hände warf und meinen Pudding sah. Das war ja wohl unfassbar! Wütend stampfte ich ins Wohnzimmer hinüber und stellte mich vor den Fernseher, um ihm die Sicht zu versperren.

»Würdest du bitte aus dem Bild gehen?«, fragte er betont freundlich, doch ich rührte mich nicht vom Fleck.

»Das ist mein Pudding, den du da isst«, sagte ich und deutete auf das Schälchen in seiner Hand.

»Ups, da muss ich wohl das Namenkärtchen übersehen haben. Schmeckt übrigens ausgezeichnet«, gab er zurück und führte sich genüsslich einen Löffel in den Mund. Dieser Mistkerl wagte es auch noch, mich zu provozieren? Ich musste tief durchatmen, um nicht augenblicklich an die Decke zu gehen. Stattdessen sagte ich betont ruhig:

»Du studierst doch, Jason, ich vermute also, dass du lesen kannst und dir die beschrifteten Fächer ins Auge gefallen sind. Demnach muss ich davon ausgehen, dass du dich mit voller Absicht an meinen Pudding vergriffen hast.«

Ich verschränkte die Arme vor der Brust und starrte ihn erwartungsvoll an. Lachend stellte er das Schälchen weg.

»Willst du dich gerade ernsthaft mit mir über Pudding streiten oder willst du nur dein Revier markieren?« Er legte die Beine hoch, schlug sie übereinander und klopfte auffordernd neben sich. Pah, als ob ich mich zu ihm setzen würde!

»Ich brauche nichts markieren, wir beide wissen, dass du hier am allerwenigsten zu sagen hast.« Ich wollte noch etwas hinzufügen, doch das herausfordernde Grinsen, das er mir zuwarf, verunsicherte mich. Wo war bloß Vicky? Mit ihm alleine zu sein, behagte mir überhaupt nicht.

»Halt dich einfach von meinem Pudding fern«, verlangte ich schließlich und marschierte an ihm vorbei.

»Ja, Ma'am«, versprach er und machte eine salutierenden Geste. *Ich hasse ihn, ich hasse ihn, ich hasse ihn!*, dachte ich, während ich die Treppe hinaufstiefelte. Ich stampfte in mein Zimmer, schloss die Tür und wollte mich gerade aufs Bett setzen, als ich inne hielt. Moment mal. Warum musste ich mich hier eigentlich in meinem Zimmer verkriechen?

Jason konnte genauso gut Leine ziehen. Immerhin war er hier nur zu Gast. Kurz entschlossen griff ich nach meiner

Tagesdecke und lief ins Wohnzimmer zurück.

Als ich mich mit einer Flasche Wasser und Gummibärchen neben ihn setzte, sah er mich überrascht an - was ich mit einem zufriedenen Grinsen quittierte. Doch seine Verblüffung währte nur eine Sekunde, dann schenkte er mir ein listiges Lächeln.

»Ich nehme an, *du* willst das Programm bestimmen?«, fragte er und reichte mir die Fernbedienung. Ich nahm sie ruckartig und ohne ihn eines Blickes zu würdigen, aus seiner Hand und schaltete durch das Programm.

Doch meine Überlegenheit war nur gespielt, denn ich fühlte mich ganz und gar unwohl in meiner Haut. Jasons Anwesenheit machte mich nervös – man wusste nie, was hinter seinen unergründlichen Augen vor sich ging. Dennoch ließ ich mir nichts anmerken. Im Gegenteil. Ich nahm mir vor, mich ab sofort genauso locker zu geben, wie er es tat – anders würde ich seine Person die nächsten Wochen wohl auch kaum ertragen.

»Uhhh, Butterfly Effect, den habe ich noch nie zu Ende geguckt«, sagte ich mehr zu mir selbst und erhöhte die Lautstärke.

»Dann hast du echt was verpasst«, antwortete Jason und holte eine Packung Salzstangen aus einer Kommode. Ich warf ihm einen argwöhnischen Blick zu. Wollte er etwa Smalltalk halten? Ich beobachtete, wie er die Salzstangen in ein Glas füllte und direkt neben sein Getränk platzierte, anstatt sie in die Mitte zu stellen. Somit waren sie außer Reichweite meiner Hände. Aha, ein Geizhals also! Oder wollte er mich mal wieder provozieren?

Ich wollte ihn schon zurechtweisen, als mein Blick auf meine Gummibärchentüte fiel, die ich selbst nicht in die Mitte gestellt, sondern am äußeren Rand des Tisches abgelegt hatte. Okay, ich war auch nicht unbedingt besser, aber im Gegensatz zu ihm hatte ich wenigstens einen Grund dafür.

Ich hatte ihm ja nicht seinen letzten Pudding weggefuttert! Ach, zum Teufel mit ihm. Sollte er doch seine blöden Salzstangen behalten, andererseits hätte ich jetzt schon Lust auf was Salziges. Unauffällig schielte ich zur Packung rüber und zuckte dann die Schultern. Was sollte er schon machen? Mir auf die Finger hauen? Ich beugte mich zu ihm und griff über sein Knie hinweg, wobei ich ihn unbeabsichtigt streifte. Dann nahm ich mir eine Handvoll Salzstangen und lehnte mich schnell wieder zurück. Er blickte mich von der Seite an.

»Du bist ja auf einmal so kontaktfreudig. Und da dachte ich immer, du hast Berührungsängste.«

»Ich hab keine Berührungsängste«, entgegnete ich und biss beharrlich von meiner Salzstange an. Das brachte ihn zum Lachen.

»Ja klar und ich bin ein enthaltsamer Mönch.« Ich starrte stur auf den Fernseher und versuchte, mich auf den Film zu konzentrieren, sah aber aus den Augenwinkeln, dass er mich beobachtete.

»Weißt du, was ich mich schon oft gefragt habe? Ob deine Schüchternheit daher rührt, dass du vielleicht noch Jungfrau bist?« Ich wäre beinahe an meinen Salzstangen erstickt und konnte nicht anders, als ihn einen Moment fassungslos anzustarren. Hatte dieser Kerl denn gar keine Manieren?

Ich wollte ihm schon die Ansage seines Lebens machen, doch dann sah ich das erwartungsvolle Glitzern in seinen Augen und atmete tief durch. Er wollte mich nur provozieren und reizbar, wie ich war, wäre ich beinahe darauf reingefallen – wieder einmal! Aber damit war jetzt Schluss. Ich würde mich nicht mehr länger von ihm schikanieren lassen.

»Weißt du, was ich mich gefragt habe?«, sagte ich stattdessen.

»Ob es irgendwelche Geschlechtskrankheiten gibt, die du noch nicht hattest. So oft wie du deine Betthäschen wechselst, bist du doch bestimmt ein Fachmann auf dem Gebiet.« Er lachte.

»Gerade *weil* ich so viele … Betthäschen habe, lege ich besonders Wert auf geschützten Sex. Und worin ich Fachmann bin, Claire, kann ich dir gerne zeigen. Du musst mich nur fragen.«

»Gott, du bist echt widerlich«, sagte ich und konnte mir nur mit Mühe verkneifen, wegzurücken. *Nicht einschüchtern lassen*, ermahnte ich mich. Genau das wollte er nämlich. Auf meine Worte hin musterte er mich neugierig.

»Du findest Sex also widerlich?« Ich verdrehte die Augen und gab vorerst auf, mich auf den Film konzentrieren zu wollen – mit Jason an meiner Seite funktionierte das einfach nicht.

»Nein, Jason. Ich finde Sex mit *dir* widerlich. Das ist ein großer Unterschied.«

»Du hast über Sex mit mir nachgedacht?« Jetzt klang er ehrlich erstaunt. Mein Kopf flog in seine Richtung.

»Was? Nein! Nein auf keinen Fall.«

»Also bist du bloß schüchtern?«, hakte er nach, amüsiert über meinen heftigen Einwand. Er schaute mich so durchdringend an, dass ich mich dazu genötigt fühlte, die Situation zu erklären … leider machte ich alles nur noch schlimmer.

»Ich bin nicht schüchtern. Normalerweise verstehe ich mich sogar gut mit Männern ...« Ups, hatte ich das gerade wirklich gesagt? Er hob überrascht die Brauen.

»Dann gibst du also zu, nur in meiner Nähe nervös zu sein?«

»Äh nein«, versuchte ich mich rauszureden, doch es war zu spät. Ich konnte mein Gesagtes nicht mehr zurücknehmen.

»Nein? Na; dann hast du ja auch sicher nichts dagegen, wenn ich mich ein bisschen an dich herankuschele, oder?«, fragte er breit grinsend. Doch diese Genugtuung würde ich ihm nicht geben.

»Nur zu, komm her«, sagte ich und dachte gleichzeitig. *Bleib weg von mir. Bleib mir bloß vom Hals. Wenn du auch nur einen Zentimeter näher rückst.* Doch natürlich ließ sich Jason nicht zwei Mal bitten. Er rückte so dicht an mich heran, dass sich unsere Körper minimal berührten.

Und als wäre seine Nähe nicht schon schlimm genug, legte er auch noch einen Arm hinter mich, so dass ich mich noch beengter fühlte. Mein Puls schlug automatisch höher und ich ohrfeigte mich innerlich für meine Provokation.

Natürlich ließ sich Jason nicht aus der Ruhe bringen und natürlich war er sofort auf meine Aufforderung angesprungen. Wie lange ging der Film? Zweieinhalb Stunden? Wie sollte ich es nur so lange neben ihm aushalten?

Jason tat, als müsse er es sich bequemer machen und rutsche hin und her, wodurch er mir noch näher kam. Ich konnte meinen Puls auf der Zunge spüren, so stark pumpte mein Herz. Nur warum reagierte ich so heftig auf ihn? Ich hasste ihn doch. Sollte mir da nicht schlecht werden oder es mich wenigstens jucken? Ananas hasste ich auch und von denen bekam ich Ausschlag.

Nur bei Jason schaltete mein Körper nicht auf Abwehr. Im Gegenteil, er schien ihn auch noch willkommen zu heißen, wie ich dem deutlichen Ziehen in meinem Leib entnahm. *Neuer Versuch. Konzentriere dich auf den Film*, schalt ich mich in Gedanken und verkroch mich unter der Decke. Doch so sehr ich mich auch bemühte, Jasons Nähe ließ elektrische Stöße durch meinen Körper zucken.

Er war mir jetzt so nahe, dass mich sein Parfüm umhüllte und ich seinen gleichmäßigen Atem vernahm. *Worin ich Fachmann bin, Claire, kann ich dir gerne zeigen*, hörte ich seine Stimme in meinem Kopf widerhallen. Ich war so nervös, dass ich mich nicht einmal mehr traute, nach den Gummibärchen zu greifen, aus Angst, meine Hand würde verräterisch zittern.

Was tat er? Beobachtete er mich? Ich konnte es nicht sehen, weil er sich zurückgelehnt hatte und ich den Kopf hätte drehen müssen, um sein Gesicht zu sehen. Er könnte also alles Mögliche hinter meinem Rücken anstellen.

»Bist du immer so steif?«, fragte er nach einer Weile und das mit so verführerischer Stimme, dass ich automatisch an andere steife Dinge denken musste. *Gott, wenn du nicht sofort aufhörst, so schweinische Sachen zu denken!*, drohte ich mir selbst.

»Entspann dich mal. So schlimm kann es doch nicht sein, neben mir zu sitzen«, sagte er. »Wenn du wüsstest«, gab ich zurück und war erstaunt, wie fest meine Stimme klang. Ginge es nämlich nach meinen Knien, würde sie wie Butter davonschmelzen. Das Lachen, das er mir daraufhin schenkte, richtete mir sämtliche Nackenhaare auf. Tat er das mit Absicht? War er sich seiner Wirkung bewusst?

»Ich kann dich massieren, wenn du willst«, schlug er vor und strich mit den Fingerspitzen hauchzart über meinen freien Nacken. Das war zu viel! Ich sprang auf, setzte mich auf die andere Seite des Ecksofas und funkelte ihn böse an - wobei mich das Prickeln, das mich durchfuhr, wütender machte, als seine Berührung selbst.

»Kannst du deine Hände nicht bei dir lassen?«, fauchte ich und beugte mich über den Tisch, um die Gummibärchen zu mir rüber zu ziehen.

»Okay. Tut mir leid. Kommst du wieder zu mir, mein Schatz?«, fragte er und klopfte einladend neben sich.

»Ganz bestimmt nicht«, gab ich zurück und wandte mich demonstrativ zum Fernseher. Für diesen Abend ließ Jason weitere Kommentare und Anzüglichkeiten aus und irgendwann vergaß ich auch meine Nervosität, so dass ich mich wieder auf den Film konzentrieren konnte.

***

»Hey, Rotschopf. Aufwachen. Der Film ist zu Ende«, durchbrach eine Stimme meinen Traum.

»Egal. Will schlafen«, nuschelte ich und drehte mich auf die andere Seite. Moment. Rotschopf? Ich öffnete die Augen und sah Jasons Gesicht wenige Zentimeter über meinem schweben. Ich richtete ich mich auf und sah zum Fernseher - er war bereits ausgeschaltet.

»Na toll«, stöhnte ich und schälte mich aus der Decke.

»Jetzt hab ich das Ende schon wieder verpasst.«

»Keine Sorge, morgen läuft die Wiederholung«, sagte er und räumte den Tisch ab. Ich warf die Decke über meinen

Arm und folgte ihm in die offene Küche, dann fragte ich:

»Warum hast du mich geweckt?« Ich hätte ihn hier liegen gelassen und gehofft, dass er nie wieder aufwachte.

»Vicky hat erwähnt, dass du nicht gerne auf der Couch einschläfst.«

»Ach, hat sie das?«, fragte ich wenig begeistert.

»Und was redet ihr sonst noch über mich?« Mit einem Mal war ich hellwach. Er lächelte geheimnisvoll, während er das Geschirr in die Spülmaschine räumte, ging aber auch nach mehrmaligem Fragen nicht darauf ein. Also zog ich mich in mein Zimmer zurück, schloss die Tür und schlief sofort wieder ein.

Kapitel 20

Die nächsten Tage vergingen wie im Flug und von Jasons dummen Sprüchen mal abgesehen, geschah nicht sonderlich viel. Taylor war so gut wie jeden Tag mit dem Training beschäftigt und wenn er mal Zeit hatte, musste er auf seine kleine Schwester aufpassen, die wegen Fieber zu Hause lag. Ein Date war also auch dieses Wochenende nicht in Sicht, doch ich hatte vollstes Verständnis dafür.

Denn während er nach der Uni zum Training hetzte, musste ich entweder lernen oder arbeiten – ich hatte also auch nicht unbedingt mehr Zeit. Schon komisch. Da wünschte ich mir immer eine Beziehung und wenn es drauf ankam, hatte ich nicht einmal Zeit für ein Date.

Weil Taylor ein schlechtes Gewissen hatte, ließ er es sich nicht nehmen, mich heute nach Hause zu bringen und da wir uns die letzten Tage nicht gesehen hatten, stimmte ich nichts als sehnlicher zu. Auch diesmal unterhielten wir uns ungezwungen und amüsiert, so dass ich mehr und mehr den Eindruck gewann, in Taylor genau den Mann gefunden zu haben, den ich mir immer gewünscht hatte. Er war schlau, charmant, auf eine unendlich süße Art und Weise zurückhaltend, aber auch witzig und zielstrebig. Und obwohl wir uns extra Zeit auf dem Nachhauseweg ließen, waren wir für meinen Geschmack viel zu schnell am Ziel.

Er brachte mich noch bis zur Haustür und gerade, als ich meinen Schlüssel herauskramen wollte, öffnete sich die Tür und Jason stand im Eingang.

Im ersten Moment war Taylor wie vor den Kopf gestoßen und auch ich stöhnte innerlich auf. Denn aus unerklärlichen Gründen hatte ich ein Treffen zwischen den beiden vermeiden wollen – zumindest auf diesem Grundstück. Doch anstatt die Situation zu erklären, machte Jason, dieser Arsch, sie nur noch schlimmer.

»Hallo, Schatz. Ich wollte dich schon anrufen und fragen, wo du bleibst. Aber wie ich sehe, hast du ziemlich schnell Ersatz gefunden«, sagte er mit einem überzeugendem Gesichtsausdruck.

»Schatz?«, wiederholte Taylor verwirrt und sein Körper versteifte sich. Ich machte eine wegwerfende Handbewegung.

»Jason macht gerne Witze. Beachte ihn gar nicht, er ist vorübergehend obdachlos und Vicky hat ihn aufgenommen.« Taylors Haltung entspannte sich ein wenig.

»Davon hab ich gehört. Tut mir leid mit deiner Bude«, sagte er an Jason gewandt und klang aufrichtig. Jason nickte dankend, machte aber keine Anstalten, sich zurückzuziehen. Stattdessen lehnte er sich an den Türrahmen und beobachtete uns interessiert. Ich hob meine Brauen und fragte:

»Macht es dir vielleicht etwas aus, uns alleine zu lassen?« Meine Stimme troff nur so vor Sarkasmus und seine ebenfalls, als er sagte:

»Na, gerne doch.« Damit machte er die Tür zu und verzog sich – hoffte ich zumindest. Ich hätte es ihm nämlich auch zugetraut, dass er an der Tür lauschte.

»Er wohnt also bei euch?«, fragte Taylor und klang alles andere als begeistert. Wenn man Jasons Ruf kannte, war das mehr als verständlich.

»Genau genommen wohnt er bei Vicky. Glaub mir, mir gefällt das genauso wenig, aber da muss ich jetzt wohl durch.« Nachdem wir uns verabschiedet haben, lief ich schnurstracks in mein Zimmer hinauf, doch oben angekommen, fing mich Jason an meiner Tür ab.

»Darf ich mal durch?«, fragte ich betont gelangweilt, doch er ließ mich nicht passieren. Stattdessen sagte er:

»Ich habe nächste Woche Geburtstag.«

»Na, das ist ja großartig für dich. Wie alt wirst du? Vierzehn?« Er ging überhaupt nicht darauf ein.

»Du bist herzlich eingeladen.«

»Ha, wohl kaum«, stieß ich abwertend hervor, doch er überging auch diesen abfälligen Kommentar und fuhr unbeirrt fort.

»Die Party findet in Lynns und Bryans WG statt.«

»Das ist alles wirklich toll, Jason. Nur interessiert es mich nicht.«

»Ach komm schon, die Sache mit dem Pudding kannst du mir doch nicht mehr übel nehmen.

Ich kauf dir morgen auch eine neue Packung, was rede ich, gleich eine ganze Palette, okay?« Ich schenkte ihm ein zuckersüßes Lächeln und sagte:

»Lieber würde ich mir die Hand abhacken, als auf deinen Geburtstag zu gehen.« Da verschränkte er die Arme vor der Brust.

»Du bist echt gemein.« Ich konnte nicht anders als losprusten, denn er hörte sich an wie ein beleidigtes Kind. Als ich diesmal durch wollte, trat er beiseite.

»Du bist ein ganz schöner Giftzwerg, weißt du das?«, sagte er, als ich mich an meinen Schreibtisch setzte.

»Nur zu Leuten, die ich nicht leiden kann«, gab ich zurück und blätterte in meinen Unterlagen herum.

Und nachdem er mich noch einen Augenblick beobachtete hatte, zog er ab. Aha, es gefiel ihm also nicht, wenn ich so bissig war. Interessant!

Jetzt hatte ich wenigstens ein Mittel gefunden, ihn mir vom Leib zu halten.

Kapitel 21

Am nächsten Tag wachte ich erst spät auf, aber nicht von alleine. Ein leises Klopfen schlich sich in meine Träume und als ich die Augen öffnete, stand Vicky im Türrahmen.

»Guten Morgen, meine Lieblingscousine«, begrüßte sie mich und sprang auf mein Bett. Ich stöhnte auf und schaute misstrauisch zu ihr rüber. Lieblingscousine? Da ich ihre Einzige war, konnte das nichts Gutes bedeuten. Als sie mich verschmitzt angrinste, sagte ich:

»Okay, raus mit der Sprache. Was hast du angestellt?« Ihr Grinsen wurde breiter.

»Gar nichts, aber ich habe eine Gelegenheit gefunden, bei der du deine Schuld begleichen kannst.«

»Und die wäre?«, fragte ich gelangweilt und warf einen Blick auf die Uhr. Halb elf. So lange hatte ich ja noch nie geschlafen - zumindest konnte ich mich nicht daran erinnern.

»Du weißt ja, dass du mir noch eine Partybegleitung schuldest und da Jason nächste Woche ...«

»Auf keinen Fall«, fiel ich ihr ins Wort und richtete mich auf.

»Ich gehe überall mit dir hin, aber nicht zu Jasons Geburtstag. Wie kommst du überhaupt auf so eine blöde Idee?« Sie zuckte die Schultern.

»Tja, leider hast du mir dein Ehrenwort gegeben, also ... such dir schon mal was Passendes raus«, sagte sie und sprang aus dem Bett. Ich funkelte sie böse an und hätte mir am liebsten die Haare gerauft.

»Warum ausgerechnet zu Jasons Geburtstag?«, fragte ich und versuchte bedauernd zu klingen. Die Mitleidsnummer funktionierte immer.

»Diskutieren ist zwecklos. Du kommst mit und basta.« Naja, fast immer. Damit gab sie mir einen flüchtigen Kuss auf die Stirn und verließ das Zimmer. Ich ließ mich wieder ins Kissen zurücksinken. Warum? Wie konnte sie nur so grausam sein und mir das antun? Sie wusste doch, wie sehr ich ihn verabscheute.

Und warum waren die beiden auf einmal so scharf darauf, dass ich zu seinem Geburtstag ging? Brauchte Jason ein Opfer, das er an seinem Ehrentag schikanieren konnte? Nicht, dass er das nicht schon die ganze Zeit über tat. Und was schenkte man jemandem, den man auf den Tod nicht ausstehen konnte? Ich hatte noch vier Tage, um das herauszufinden.

***

Als ich nachmittags nach Hause kam, war Jason nicht da, dafür lag ein Kärtchen vor meiner Zimmertür. *Ich habe für heute Abend ein paar Kumpels eingeladen. Nur damit du nicht aus allen Wolken fällst. Jason. Okay?* Ich konnte ein Schmunzeln nicht unterdrücken, als ich das Kärtchen mit ins Zimmer nahm und auf den Schreibtisch stellte. Aber warum schickte er mir nicht einfach eine SMS, anstatt sich solche Mühe zu machen? Versuchte er jetzt nett zu sein? War das seine neue Masche?

Ich war gespannt, wie lange er diese Rolle spielen konnte. Den heutigen Tag verbrachte ich hauptsächlich mit … nichts.

Nachdem ich gefrühstückt hatte, machte ich es mir vor dem Fernseher bequem und arbeitete mich von einem Sender zum nächsten durch. Um den Nachmittag herum warf ich die Spülmaschine an, räumte mein Zimmer auf, wobei ich meine Sachen und Unterlagen in die Schränke stopfte, damit es wenigstens oberflächlich sauber war - und machte es mir wieder auf dem Sofa gemütlich – diesmal mit einem Buch. Irgendwann nickte ich ein und als ich wieder aufwachte, war es bereits dunkel geworden.

Ich hatte es gerade so geschafft, meine Schlabbersachen gegen ein sauberes Shirt und eine schwarze Röhrenjeans zu tauschen, als es auch schon an der Tür klingelte.

Das war sicher Jason. Und da er einen Ersatzschlüssel besaß, vermutete ich, dass er sich und die Jungs ankündigen wollte, bevor er das Haus betrat. Wie eigenartig zuvorkommend von ihm. Ich band meine Haare zu einem unordentlichen Dutt und lief hinunter, um ihnen die Tür zu öffnen.

»Hi, du musst Claire sein. Ich bin Alex«, begrüßte mich ein hochgewachsener Rothaariger und gab mir die Hand.

»Sehr erfreut«, sagte ich und schüttelte seine ausgestreckte Hand. Dann ließ ich sie nacheinander eintreten, wobei sie mir im Vorbeigehen ihre Namen nannten, als wären wir in einem Hotel und ich die

Empfangsdame. Alex folgten Richard, Justin und Will.

»Mich kennst du ja«, sagte Jason und trat als Letztes ein. Er und Will schleppten zwei Bierkästen hinter sich her und steuerten die Küche an. Die anderen zogen ihre Jacken und Schuhe aus und begaben sich ins Wohnzimmer.

»Wollt ihr etwas Nicht-Alkoholisches trinken?«, fragte ich in die Runde, als sie sich gesetzt hatten. Sie schüttelten die Köpfe, nur Justin bestellte eine Cola. Als ich sie ihm in die Hand drückte, hatten auch Jason und Will sich ins Wohnzimmer gesellt und verteilten die ersten Flaschen.

»Also dann, viel Spaß euch«, sagte ich und wandte mich zum Gehen, da fragte Will:

»Musst du noch irgendwo hin?« Ich blieb stehen und wollte gerade antworten, als Jason mir zuvor kam.

»Claire ist eine kleine Hermine. Sie hat in ihrem Leben nichts anderes als das Lernen und ihre Bücher. Aber verurteilt sie deswegen nicht - sie kann nichts dafür.« Ha! Das musste er gerade sagen! War er hier nicht der Schulbeste? Ich ging kommentarlos in mein Zimmer und ignorierte das leise Lachen der anderen.

Von wegen nett sein. Da hatte ich wohl was falsch verstanden! Ich hatte es den ganzen Tag vor mich hingeschoben, doch allmählich musste ich mit der Recherche für meine Hausarbeit beginnen. Ich würde heute Abend zwar nicht mehr weit kommen, aber vielleicht konnte ich schon mal Grundmaterial sammeln und mir die ersten Sätze zusammenbasteln. Während ich meine Unterlagen zusammensuchte, wurde unten die Musik eingeschaltet. Ich schüttelte den Kopf.

Nahm Jason denn gar keine Rücksicht auf andere? Er wusste doch, dass ich lernte, immerhin war ich ja Hermine. Oder tat er das mit Absicht? Immer noch kopfschüttelnd fuhr ich den Laptop hoch, schaltete die Leselampe ein und begann zu recherchieren. Nach einer halben Stunde hatte ich schon genug Material zusammen, um die ersten Sätze zu basteln, doch es kam mir so vor, als würde die Musik von Minute zu Minute lauter werden.

Die Stimmung schien auch deutlich lockerer geworden zu sein, denn zum hämmernden Bass gesellten sich immer mehr laute Lacher und Beleidigungen. Ich ertappte mich sogar, wie ich bei dem ein oder anderen Spruch schmunzelte, doch dann konzentrierte ich mich wieder auf meine Aufgabe und formulierte den ersten Satz. *Seit Generationen leben die Ureinwohner Australiens* … Bum Bum, Bum Bum, drang die Musik durch die Fußdecke. Ich setzte neu an.

»*Die Ureinwohner Australiens lebten seit je her* … Bum Bum, Bum Bum. Ich versuchte es noch einige Male, doch so sehr ich mich auch zu konzentrieren versuchte, der Lärm wurde immer schlimmer.

Was soll's. Ich speicherte die Datei ab und schaltete den Laptop aus.

Bei dem Gegröle konnte ich mich auf keinen Fall konzentrieren, ich wollte aber auch kein Spielverderber sein und mich beschweren.

Jason lebte jetzt hier genauso wie ich und so lange er nicht jeden Tag Sauforgien veranstaltete, konnte ich damit leben. Außerdem tat es mir leid, dass er seine Wohnung verloren hatte – das war sicher auch nicht leicht.

Ha!, da sollte mal einer sagen, ich wäre nicht verständnisvoll!

Obwohl, wenn ich ehrlich sein sollte, hatte ich sowieso keine große Lust aufs Schreiben gehabt.

Mit Handy und Kopfhörern bewaffnet, machte ich es mir auf dem Bett bequem.

Dann schaltete ich die Musik ein, winkelte meine Beine an und lehnte mich mit geschlossenen Augen zurück.

Kapitel 22

Als mir jemand auf die Schulter tippte, fuhr ich wie von der Tarantel gestochen hoch.

»Gott Jason, was soll das?«, rief ich erschrocken und nahm die Kopfhörer raus.

»Ich hab geklopft, aber du hast nicht geantwortet«, erklärte er amüsiert.

»Und dir ist nicht in den Sinn gekommen, dass ich vielleicht schlafen könnte?«, fragte ich und packte das Handy weg.

»Schon, aber dann hab ich dich summen gehört.« Mein Blick ging zu der verschlossenen Bierflasche in seiner Hand.

»Brauchst du etwa Hilfe beim Öffnen?« Er folgte meinem Blick und lachte dann.

»Das schaffe ich schon alleine, danke. Die anderen fragen, ob du dich nicht zu uns gesellen willst.«

»Die anderen?«, wiederholte ich skeptisch und glaubte ihm kein Wort. Wahrscheinlich war ihm bloß langweilig, weil er niemanden zum Ärgern hatte. »Warum?«, wollte ich wissen.

»Sie wollen dich kennenlernen … und ich glaube, Will steht auf dich.« Ich schüttelte den Kopf.

»Keine Lust. Und so wie es sich anhört, amüsiert ihr euch auch ganz prächtig ohne mich.« Er sah auf meine Unterlagen am Tisch und fragte:

»Wolltest du nicht lernen?«

»Allerdings. Aber bei dem Krach, den ihr da unten veranstaltet, fällt mir das nicht gerade leicht.« An dieser Stelle hätte sich wohl jeder normale Mensch für den Lärm entschuldigt, aber nicht Jason.

»Na dann hält dich doch nichts mehr hier oben. Musik kannst du auch unten hören«, sagte er, doch ich schüttelte stur den Kopf.

»Ich glaube, du hast keine Wahl. Die anderen haben mir nämlich aufgetragen, dich eigenhändig zu holen, wenn du nicht freiwillig mitkommst.« Von dunkler Vorahnung gepackt, rückte ich ein Stück von ihm weg.

»Was meinst du mit holen?« Er trat ins Zimmer.

»Was glaubst du wohl?« Ich begriff und wich ans andere Ende des Bettes zurück.

»Lass den Quatsch, ich bin müde«, sagte ich, doch das hielt ihn nicht davon ab, um das Bett herumzukommen.

»Mann, Jason! Was soll das? Ich dachte, du bist jetzt netter«, sagte ich verzweifelt. Er hielt überrascht an.

»Wer erzählt denn sowas?«

»Das Kärtchen vor meiner Tür?« Er machte eine wegwerfende Handbewegung.

»Ach das. Ich hab deine Nummer verbummelt und weil ich nicht einfach so mit meinen Jungs aufkreuzen wollte, ich weiß ja, wie schüchtern du bist - hab ich dir die Karte geschrieben.« Verbummelt? Dieser unverschämte Mistkerl. Wahrscheinlich hatte er inzwischen Zwischenzeit so viele neue Barbies kennengelernt, dass meine Nummer in seinem Handy untergegangen ist.

Dass er es nicht einmal für nötig hielt, mich einzuspeichern, ärgerte mich gewaltig. Obwohl, wenn ich mich recht erinnerte, hatte auch ich ihn nicht in der Kontaktliste stehen. Touché. Weil er seinen Weg unbeirrt fortführte, versuchte ich es noch ein letztes Mal, diesmal auf die mitleidige Tour.

»Warum musst du mich eigentlich ständig ärgern? Ich hab dir überhaupt nichts getan.«

»Weil ich drauf stehe, wenn du wütend wirst«, sagte er mit einem trägen Lächeln und blieb vor mir stehen. Ich wusste nicht, ob er es ernst meinte oder mich wieder einschüchtern wollte, doch eigentlich war der Grund auch egal, denn beide Möglichkeiten waren mir zuwider.

»Okay, okay. Ich komme mit runter. Kein Grund, handgreiflich zu werden«, sagte ich mit erhobenen Händen und bevor er mich anfassen konnte. Für meinen Geschmack hatte er mich in letzter Zeit viel zu oft berührt. Er sah schon fast enttäuscht aus, machte dann aber eine übertrieben höfliche Geste und deutete zur Tür.

»Nach dir.« Vor mich hin grummelnd, kam ich seiner Aufforderung nach und wünschte mir, ich wäre ihm nur einmal körperlich überlegen. Dann könnte ich mich für all seine Dreistigkeiten und Sticheleien revanchieren.

Als ich ins Wohnzimmer trat, kam mir eine süßliche Wolke entgegen, die mir im ersten Moment sämtliche Atemwege zuschnürte. Vicky hatte nichts dagegen, wenn man in ihrer Wohnung rauchte oder sonstige fragwürdige Substanzen konsumierte, der Geruch von Gras war mir dennoch zuwider.

»Gott, was raucht ihr denn da für Zeug?«, fragte ich und setzte mich ans andere Ende des Sofas, so weit weg von der Wolke wie nur möglich.

»Nichts für Kinder, Schätzchen«, sagte Jason, woraufhin die anderen lachten und setzte sich mir gegenüber. Ich verschränkte beleidigt die Arme vor der Brust und beobachtete ihn dabei, wie er einen kräftigen Zug nahm und die Tüte an Justin weitergab. *Kinder? Ich bin nur zwei Jahre jünger als du, du eingebildeter Flegel*, dachte ich mir und hoffte inständig, er würde an dem Inhalt ersticken. Auf meinen bösen Blick hin, lachte Will leise in sich hinein, so dass ich nicht anders konnte, als sein Lächeln zu erwidern. Dann fragte ich mich, wie jemand wie Jason überhaupt Freunde haben konnte? Seine Kumpels machten einen so bodenständigen und netten Eindruck, dass Jason völlig fehl am Platz wirkte.

Doch im selben Moment wurde mir bewusst, dass er eigentlich nur bei mir so unverschämt war. Es musste also wirklich etwas Persönliches sein. Vielleicht lag es ja daran, dass ich ihm damals am Strand vor all seinen Freunden einen Korb gegeben hatte, überlegte ich.

Jemand wie Jason war es doch sicher gewohnt, dass ihm die Frauen scharenweise hinterherrannten. Und vielleicht hatte ihn die Abfuhr so sehr gekränkt, dass er es sich zur Lebensaufgabe gemacht hatte, mich, wo es nur ging, zur Weißglut zu treiben. Oder war er etwa verunsichert, weil ich ihm nicht hinterhersabberte, wie alle anderen Frauen? Ich lächelte vor mich hin, als ich mir vorstellte, wie er sich darüber ärgerte und hatte plötzlich den Drang, ihn von meiner Unabhängigkeit zu überzeugen.

»Wer will noch ein Bier?«, fragte Jason, woraufhin sich einige Finger erhoben. Als er zum Kühlschrank lief, um die kalt gestellten Flaschen zu holen, beugte ich mich zu Will rüber.

»Gibst du mir einen Zug?«, fragte ich leise und deutete auf die Tüte in seiner Hand. Er warf einen kurzen Blick zu Jason, der sich laut pfeifend die Flaschen unter den Arm klemmte, als müsse er um Erlaubnis fragen. *Komm schon*, dachte ich und wedelte ungeduldig mit der Hand. Wie sehr es Jason wohl ärgern würde, wenn ich von seinem kostbaren Joint zog, dachte ich schadenfroh. Gerade, als Jason zurückkam, gab mir Will die Tüte und ich nahm zwei tiefe Züge, wohlwissend, dass es Jason gegen den Strich gehen würde.

»Bist du verrückt?«, sagte er an Will gewandt, als er sah, wie ich ihm die Tüte zurückgab. Doch sein Kumpel zuckte in einer *Sie hat es so gewollt*-Geste die Schultern. »Reg dich ab, Jason«, sagte ich augenrollend und lehnte mich wieder zurück. Dabei fühlte ich ein leicht taubes Gefühl auf der Zunge.

»Das ist nicht mein erstes Mal«, fügte ich hinzu. Er warf Will einen strengen Blick zu und stellte die Bierflaschen auf den Tisch. Dann fragte er:

»Wie oft hast du gezogen?«

»Zwei Mal, wieso?« Er setzte sich mir gegenüber und beugte sich vor, so dass er mir tief in die Augen blicken konnte.

»Das war kein Gras, Claire, zumindest nicht nur.« Ich starrte ihn an.

»Was soll das heißen? Was war denn noch drin?« Ich schlug mir die Hände vor den Mund. »Habe ich irgendwas Schlimmes genommen? Ekstase, LSD, ...? Die Jungs lachten und auch Jasons Mundwinkel zuckten.

»Wir sind keine Junkies, Claire. Es ist vergleichsweise harmlos, nur nicht unbedingt gut verträglich, wenn man es zum ersten Mal nimmt.« Zehn Minuten später wusste ich, was er meinte.

»Oh Mann, die hat's voll erwischt«, hörte ich Justin sagen, als ich zur Küche lief. Hatte der Boden eigentlich schon vorher so gewankt? Und die Wände kamen mir auch irgendwie schräg vor.

»Das habe ich gehört«, rief ich über die Schulter und öffnete das Süßigkeitenfach. Schokolade, ich brauchte Schokolade. Und Gummibärchen. Oh und vielleicht auch ein oder zwei von den Zimtstangen. Zehn Minuten später, oder waren es zehn Stunden?-, ich hatte jegliches Zeitgefühl verloren, kam Jason zu mir in die Küche. Er stellte sich mit dem Rücken zum Tresen, sah mit zuckenden Mundwinkeln auf mich herab und nippte an seinem Bier.

»Was grinst du so?«, fragte ich und schob mir ein Stück Schokolade in den Mund. Da folgte ich seinem Blick und sah den Papierhaufen auf der Theke.

»Was zum ...?«, murmelte ich und starrte auf die halbleere Schokoladentafel, die Gummibärchen-Tüte und die leere Zimtstangen-Packung . Das konnte doch unmöglich alles ich gegessen haben.

»Wie lange bin ich schon in der Küche?«, fragte ich beunruhigt. Er schaute auf seine Uhr. »Etwa eine halbe Stunde.«

»Scheiße, mich hat's doch erwischt«, sagte ich und schmiss die leeren Packungen weg. Als er mir diesmal ein Lächeln schenkte, sah sein Gesicht eigenartig verschwommen aus.

»Weißt du, dass du echt süß bist, wenn du breit bist?«, fragte er mit einem undefinierbaren Ausdruck in den Augen. Normalerweise wäre ich jetzt zurückgewichen oder hätte gesagt, er soll seine Anmachsprüche sein lassen, aber jetzt zuckte ich nur ungerührt die Schultern.

»Denk ja nicht, dass ich das jeden Tag mache. Das war eine einmalige Sache«, sagte ich und schenkte mir ein Glas Wasser ein.

»Schade«, sagte er und stellte die Bierflasche weg.

»Denn so bist du um einiges erträglicher.« Ich kniff die Augen zusammen, war aber nicht ansatzweise beleidigt.

»Du musst dich gerade melden. Du bist doch derjenige, der ständig Sprüche klopft und mich schikaniert.«

»Aber doch nur, weil du dich so schnell reizen lässt. Und wie gesagt, ich stehe drauf, wenn du sauer bist. Du hast immer so süße Fältchen um die Augen, wenn du sie zusammenkneifst«, sagte er und kam langsam näher. Doch seine Schmeicheleien prallten an mir ab wie Wassertropfen auf einem Stein.

»Moment. Hast du gerade gesagt, dass ich Falten habe?«, fragte ich und hob die Hand. Er hielt inne und verdrehte die Augen.

»Das ... so meinte ich das natürlich nicht«, versuchte er sich rauszureden, was mich zum Lachen brachte.

»Jason, der Frauenheld. Man könnte meinen, du wärst einfühlsamer, was Frauen betrifft«, sagte ich und konnte gar nicht mehr aufhören zu lachen. Wie er da so verloren vor mir stand, sah er schon fast bemitleidenswert aus. Über beide Ohren grinsend, schlenderte ich zur Garderobe hinüber und stieg willkürlich in ein paar Schuhe.

Dann warf ich mir irgendeine Jacke über und öffnete die Tür.

»Das ist keine gute Idee«, sagte Jason von der Küche her, doch ich machte nur eine wegwerfende Handbewegung und trat in die Nacht hinaus. Ich brauchte dringend frische Luft. Ich schritt den Garten entlang bis zur Einfahrt und schaute zum sternenklaren Himmel auf. Dabei kamen mir die Sterne so nah vor, wie nie zuvor.

»Gibt es einen bestimmten Grund, warum du meine Schuhe und Will's Jacke trägst?«, erklang Jasons Stimme neben mir. Ich zuckte zusammen, weil ich ihn nicht hatte kommen hören und blickte dann an mir hinab. Hm. Ich konnte mich nicht erinnern, mich überhaupt angezogen zu haben.

»Kommen dir die Sterne auch so nahe vor?«, fragte ich, ohne auf sein Gesagtes einzugehen.

»Ich kann sie fast berühren«, sagte ich und streckte eine Hand in die Luft. Jason lachte leise. »Wenn ich dir morgen sage, was für einen Blödsinn du geredet hast, wirst du dich in Grund und Boden schämen«, sagte er und drückte meine Hand wieder runter. Mir fiel auf, dass er sie nicht mehr losließ, doch das störte mich in meinem Zustand nicht. Mir kam ohnehin alles mehr wie ein Traum vor.

»Wenn ich dir überhaupt zuhöre«, entgegnete ich schief lächelnd.

»Denn vergiss nicht: Ich bin nur in berauschtem Zustand erträglich.« Er maß mich wieder mit einem undefinierbaren Ausdruck, dann sagte er:

»Das muss nicht unbedingt sein. Wir können auch Freunde werden.«

»Wir? Freunde?« Ich musste lachen.

»Klar doch. Wir wären die besten Freunde.« Das Lachen blieb mir im Hals stecken, als die Welt gefährlich zu wanken begann. Oder war ich es? Wie von selbst lehnte sich mein Körper an den Zaun, da packte mich Jason am Arm und hielt mich aufrecht.

»Ich sagte ja, dass es keine gute Idee ist, nach draußen zu gehen.«

»Hast du nicht«, gab ich zurück. Er runzelte die Stirn.

»Doch, gerade eben, in der Küche.« Hätte ich mich dann nicht daran erinnert? Ich schüttelte den Kopf.

»Hab ich nicht.«

»Was denn nun? Reden wir jetzt von dir oder von mir?«, fragte er.

»Was?«, fragte ich verwirrt. Worüber diskutierten wir überhaupt? Ich konnte mich nicht erinnern. Schmunzelnd schüttelte er den Kopf, dann tat er etwas, das sogar in diesem Zustand sämtliche Alarmglocken bei mir läuten ließ. Er stellte sich hinter mich, legte die Arme um meinen Körper und drückte mich an sich.

»Ähm, so breit bin ich auch wieder nicht«, sagte ich und wollte mich befreien, doch er verstärkte seinen Griff.

»Entspann dich, ich habe keinerlei Hintergedanken.« Das entlockte mir ein Schnauben.

»Ja, sicher!« Ich versuchte es noch einmal. »Jason, lass mich los.« Doch er dachte nicht daran, meiner Aufforderung nachzukommen. Stattdessen presste er mich noch fester an sich und legte zu allem Überfluss auch noch seine Stirn auf mein Haar. *So eng sollte ich nicht bei ihm stehen! Das ist nicht richtig.* Dank Will's Jacke, die mir drei Nummern zu groß ist, war ich weitgehend von Jasons Körper abgeschirmt, dennoch war mir seine Nähe zuwider.

»Du kannst dich wehren, soviel du willst. Ich lass dich nicht los«, sagte er auf meinen erneuten Befreiungsversuch hin. Also blieb mir nichts anderes übrig, als abzuwarten, bis seine Kuschelphase vorüber war.

»Wusstest du, dass Sterne aus nichts weiter als Plasma und Gas bestehen?«, fragte er. Das Vibrieren seiner Stimme war so angenehm an meinem Kopf, dass ich augenblicklich schläfrig wurde.

»Hm, hm«, verneinte ich, also sprach er weiter.

»Die Zahl der Sterne wird auf etwa 70 Trilliarden geschätzt. Sie sind sehr aktive Gaskörper, die im Innern ...« Doch seine Stimme rückte in immer weitere Ferne. Ich wurde kurz wach, als er mich in mein Bett legte, driftete dann aber wieder ab.

Das Letzte, woran ich mich erinnerte, war, dass er mich zudeckte.

Kapitel 23

Heute war Jasons Geburtstag und ich hatte es gerade noch vor Ladenschluss geschafft, sein angefertigtes Geschenk abzuholen. Ich war gespannt, was er mir zu berichten hatte, denn in den letzten drei Tagen hatte er sich weder bei Vicky noch in der Uni blicken lassen – zumindest nicht, wenn ich gerade anwesend war.

Ob es mit dem Abend zu tun hatte? Da ich mich nur bruchstückhaft daran erinnern konnte und mein Gedächtnis genau dort aussetzte, wo ich an der Tüte zog, hatte ich ein schlechtes Gewissen. Vor allem, weil ich am nächsten Morgen komplett angezogen im Bett aufgewacht war, ohne mich daran zu erinnern. Obwohl, die Tatsache, dass ich angezogen war, ließ mich zumindest meine schlimmsten Befürchtungen ausschließen.

Als ich pünktlich um 21 Uhr an Lynns Haustür klingelte, war ich schon etwas nervös. Ich mochte es überhaupt nicht, als Letzte auf einer Party anzutanzen, man war dann immer im Mittelpunkt und das machte mich unendlich verlegen.

Vielmehr machte ich mir aber über das Geschenk Sorgen. ob es nicht doch zu grausam war? Nachdem ich drei Tage lang fieberhaft überlegt hatte, was ich ihm schenken sollte, war ich auf einen Bastelladen gestoßen, in dem man seine eigenen Tassen bemalen konnte.

Und kaum hatte ich das Geschäft betreten, war mir auch schon das perfekte Motiv in den Sinn gekommen - ein Scheißhaufen. Wie ich darauf gekommen war oder besser gesagt, was in mich gefahren war?

Ich hatte vor der Tasse gestanden und mich an all die Frechheiten erinnert, die mir Jason an den Kopf geworfen hatte und war mit einem Mal so wütend geworden, dass ich mich zu dieser Schnapsidee hatte hinreißen lassen und so prangte nun am Grund der Tasse ein großer Haufen, wobei ich die Tasse zusätzlich mit grässlichen Braun- und Grautönen verziert hatte.

Bis vor ein paar Minuten hatte ich die Idee auch noch lustig gefunden, doch als ich nun vor der Tür stand, konnte ich nicht glauben, dass ich ihm die Tasse wirklich schenken wollte.

Das würde einer Kriegserklärung gleichkommen und ich wusste nicht, ob ich mich wirklich mit Jason anlegen wollte. Im Bruchteil einer Sekunde überlegte ich es mir anders. Jason erwartete sicher kein Geschenk von mir und wenn doch, konnte ich mich immer noch damit rausreden, nichts Passendes gefunden zu haben. Doch gerade als ich es in meiner Tasche verschwinden lassen wollte, öffnete er die Tür. Musik und laute Stimmen drangen in den Flur und als hätte Jason überhaupt nicht mit mir gerechnet, grinste er freudig auf mich herab.

»Claire, ich hätte nicht gedacht, dass du kommst«, sagte er und warf einen Blick auf das Päckchen.

»Und du hast sogar ein Geschenk«, stellte er erstaunt fest.

»Äh ja, alles Gute zum Geburtstag«, sagte ich innerlich fluchend und hielt es ihm zögerlich hin. *Verdammt, verdammt, verdammt.* Er bat mich herein und wollte das Geschenk öffnen, doch ich hielt ihn schon fast hysterisch davon ab.

»Nein«, rief ich laut, was ihn zusammenzucken ließ.

»Du ... äh ... darfst es noch nicht öffnen«, fügte ich eilig hinzu. Er sah mich an, als hielt er mich für verrückt, dann lächelte er.

»Okay, dann eben nachher.« Damit nahm er das Paket und ging den Flur entlang. Ich zog Jacke und Schuhe aus und schmiedete Pläne, wie ich es später heimlich entwenden konnte. Als ich ins Wohnzimmer trat, klatschten und pfiffen die Gäste, als wäre ich ein angesagter Promi – genau, was ich befürchtet hatte.

»Seht mal, wer uns mit seiner Anwesenheit beehrt«, rief Bryan und klopfte mir auf die Schultern. Peinlich berührt ließ ich die dummen Sprüche über meinen seltenen Besuch ergehen und sogar Vicky, die Verräterin, ließ es sich nicht nehmen, mich aufzuziehen. Angeblich hatte sie mich mit Unmengen an Geld bestechen müssen, damit ich mich dazu herabließ, herzukommen.

Als Lynn auf den leeren Platz neben sich klopfte, gesellte ich mich zu ihr, dann beobachtete ich, wie Jason mein Päckchen auf die Wohnzimmerkommode legte, wo ein Haufen weiterer Geschenke lagerten. Na super.

Wie sollte ich da je unbemerkt rankommen? Nachdem sich die Aufregung über meine Person gelegt hatte und die letzten Lacher abgeklungen waren, wurde die Runde ziemlich unterhaltsam. Außer

Lynn, Bryan, Zac, Vicky und Jason waren noch sechs weitere Personen da - darunter Jasons Kumpels und zwei Freundinnen von Lynn und Vicky. Die Gästeanzahl war also überschaubar und alle ziemlich angenehme und lustige Zeitgenossen, so dass ich mich nach einer Weile wirklich amüsierte.

»Kommst du mit, Bowle machen?«, fragte mich Lynn irgendwann und stand auf.

»Glaub mir, sie macht die beste Bowle der Welt«, raunte mir Vicky zu und zog mich auf die Beine. Ich folgte den beiden in die Küche, als uns Zac hinterherrief:

»Aber trinkt nicht wieder alles alleine aus, ihr Schnapsdrosseln!« Lynn und Vicky kicherten und verschwanden in der Küche. Und kaum, dass ich ihnen gefolgt war, schlossen sie die Tür und begannen mit der Zubereitung.

»Du schneidest Erdbeeren und Limettenscheiben«, wies Vicky mich an.

»Du mischst den Hugo«, sagte sie zu Lynn.

»Und ich werde daneben stehen und dumme Kommentare abgeben«, sagte sie grinsend. Lynn und ich sahen uns an und lachten, denn nichts anderes kannten wir von meiner Cousine. Als die Bowle fertig war, stießen wir zum Vorkosten mit Sektgläsern an und ich musste zugeben, dass die Bowle ausgezeichnet schmeckte. Ich suchte vergeblich nach dem Wodkageschmack, denn ich hatte beobachtet, wie Lynn eine beachtliche Menge davon hineingetan hatte, doch alles, was man rausschmeckte, war eine angenehme Süße, gemischt mit Limettengeschmack.

Ich prostete ihr schon fast ehrfürchtig zu, denn wenn Lynn es so gut verstand, den Geschmack von Hochprozentigem zu kaschieren, sollte ich mich zukünftig vor ihren Mixturen fernhalten – das war ja gefährlich! Doch meinem Vorsatz zum Trotz hatten wir wenige Minuten später schon das zweite Glas in der Hand – es schmeckte einfach zu köstlich.

»Hast du den süßen Blonden gesehen, den Jason mitgebracht hat?«, fragte Vicky an Lynn gewandt.

»Dieser Alex? Der ist mir auch schon aufgefallen. Besonders sein Hintern hat's mir angetan«, antwortete sie glucksend.

»Lynn!«, rief ich entsetzt und boxte ihr auf die Schulter.

»Du hast einen Freund!«

»Und?«, sagte sie ungerührt.

»Man darf doch wohl mal schauen dürfen«. Ich schüttelte den Kopf, konnte ein Grinsen aber nicht unterdrücken. Als wir bei dem dritten Glas angekommen waren und die Bowle halbleer war, kam Bryan in die Küche gestürzt.

»Hey Jungs, wenn ihr noch was haben wollt, kommt schnell her. Die Weiber trinken wieder alles aus«, rief er über die Schulter. Augenblicke später war die kleine Küche überfüllt. Jeder wollte etwas von der Bowle haben, wir Frauen dachten jedoch nicht daran, den Männern Platz zu machen, so dass wild geschubst und gedrängelt wurde.

»Bekommt das Geburtstagskind auch ein Glas?«, fragte Jason, der dicht hinter mir stand. »Äh klar«, sagte ich und stellte mein Glas ab, um ihm einzuschenken.

»Hey, mach mal Platz«, schnauzte ich Vicky an, die sich mit Lynn vor die Schale gestellt hatte und allen anderen damit den Weg versperrte. Als Antwort machte sie sich noch breiter, so dass ich Mühe hatte, überhaupt etwas aus der Schüssel zu schöpfen. Als ich Jason das Glas überreichte, musterte er es skeptisch.

»Muss ich mir Sorgen machen, dass du reingespuckt hast?«, fragte er. Als ich zu ihm aufsah, lächelte er charmant und offenbar stieg mir allmählich die Bowle zu Kopf, denn ich lächelte genauso verzückt zurück.

»Keine Sorge. Weil du Geburtstag hast, werde ich das Kriegsbeil für heute begraben und nett sein.« Er wägte ab, ob er mir trauen sollte oder nicht, dann prostete er mir zu. Und vielleicht lag es am Alkohol, aber so richtig wollte die Küche niemand mehr verlassen.

Wir hielten uns mindestens eine Stunde hier auf, alberten herum und zogen uns gegenseitig auf - dabei hätten wir die Bowle auch einfach mit ins Wohnzimmer nehmen können. Viel merkwürdiger war aber die Tatsache, dass ich mich auf einmal super mit Jason unterhielt.

Als das Stimmungsgetränk alle war, verflüchtigte sich der Andrang allmählich und die Gäste verteilten sich wieder in den anderen Räumen.

Plötzlich stand ich mit Jason allein in der Küche und kaum war ich mir dessen bewusst, wurde ich nervös – was eigentlich unbegründet war. Denn er hatte mich bisher weder mit seinen üblichen Sprüchen bombardiert noch irgendwelche Annäherungsversuche unternommen.

Doch offenbar war ich von seinem üblichen Verhalten schon so traumatisiert, dass ich automatisch auf Fluchtmodus stellte, wenn wir alleine waren. Und natürlich entging ihm mein Unbehagen nicht, wie ich seinem wissenden Lächeln entnahm. Meine Erlösung kam, als Jason ins Wohnzimmer gerufen wurde und sich kurz entschuldigte.

Puh! Ich atmete tief durch, goss mir ein Glas Wasser ein und starrte vorwurfsvoll auf mein leeres Glas. Für heute sollte ich mich lieber fern vom Alkohol halten, denn wenn ich so weiter trank, könnte ich tatsächlich noch auf die irrsinnige Idee kommen, Jason zu mögen. Ich meine, lag es denn am Alkohol, dass er plötzlich so nett war oder daran, dass er Geburtstag hatte?

Ich erkannte ihn ja kaum wieder. Keine dummen Sprüche, keine Anzüglichkeiten, Im Gegenteil, er war sogar unheimlich lustig. Das war mir irgendwie nicht geheuer und so lange ich nicht hinter die Ursache seines Verhaltes gekommen war, ließ ich fürs erste lieber die Finger vom Alkohol. Als Jason wiederkam, hatte er ein kleines Päckchen in der Hand, mein Päckchen, wie mir panisch bewusst wurde.

»Sorry, aber ich kann einfach nicht länger warten. Ich brenne schon die ganze Zeit darauf, dein Geschenk zu öffnen«, sagte er mit einem Grinsen und knotete die Schnüre auf.

»Ist das nicht unfair, wenn du meins jetzt schon öffnest?«, fragte ich mit wachsendem Unbehagen. Er war heute so nett gewesen, da konnte ich ihm doch nicht sowas Gemeines schenken.

»Die werden das schon verkraften«, sagte er und faltete das Papier auseinander. Da riss ich ihm das Päckchen kurzerhand aus den Fingern und trat einen Schritt zurück.

»Warten wir lieber noch ein bisschen«, sagte ich und hielt es hinter meinem Rücken versteckt. Er starrte mich an, unschlüssig, ob er lachen oder meckern sollte.

»Was soll der Unsinn? Ich will es aber jetzt aufmachen.« Doch ich schüttelte den Kopf. Er glotzte mich noch einen Augenblick an, dann hob er resigniert die Schultern.

»Na gut«, sagte er und ich entspannte mich wieder. Doch dann machte er einen Satz auf mich zu und legte mir die Arme um den Körper.

»Warte!«, rief ich, aber da hatte er mir das Bündel schon entrissen und wich ans andere Ende der Küche zurück. Um mich auf Abstand zu halten, streckte er einen Arm aus, dann drehte er das Päckchen in der Hand.

»Jason, gib es mir zurück. Du kannst es nachher aufmachen«, log ich. Von wegen. Sobald ich es in die Finger bekam, würde ich es in hohem Bogen aus dem Fenster werfen. Er lachte.

»Schämst du dich etwa? Ich kann es auch vor den anderen öffnen, wenn du ...«

»Nein!«, rief ich, als er einen Schritt in Richtung Tür machte. Ich würde im Boden versinken, wenn die anderen sahen, was ich ihm geschenkt hatte.

»Bitte ... nicht. Dann mach es lieber hier auf«, sagte ich leise. Er sah mich an.

»Du machst mir gerade echt Angst, weißt du das?«, sagte er und sah das Päckchen an, als könnte es mit ätzender Säure gefüllt sein. Vorsichtig öffnete er es und sagte:

»So schlimm kann das Geschenk ja wohl ...« Er stockte, als er es ausgepackt hatte. Unendlich verlegen, sah ich dabei zu, wie er es in der Hand drehte, dann lachte er so laut auf, dass ich zusammenzuckte.

»Ist das dein Ernst?«, fragte er und drehte die Tasse hin und her. Auf der Unterlippe kauend, beobachtete ich ihn – unschlüssig, ob er nun amüsiert oder sauer war. Als er meine Unsicherheit bemerkte, sagte er:

»Ist dir das etwa peinlich?«

»Naja, du warst heute so nett, dass ich es dir doch nicht schenken wollte.« Er wischte sich die Tränen fort und stellte die Tasse weg.

»Und? Bist du jetzt sauer?«, fragte ich. Seine Augen funkelten, als er sagte:

»Ehrlich gesagt, finde ich die Idee zum Totlachen. Und ich schätze, ich hab's nicht anders verdient.« Wow. War er wirklich einsichtig oder nahm er mich auf den Arm? Ich musterte ihn noch einen Moment unschlüssig und sagte dann:

»Naja, meistens bist du ein ziemlicher Arsch, deshalb ...« Er lachte.

»Und dann hast du dir so viel Mühe gemacht, mir das zu zeigen?« Ich zuckte schamrot die Schultern. Er wollte noch etwas sagen, doch dann wurde er wieder ins Wohnzimmer gerufen, diesmal, um seinen Geburtstagskuchen zu empfangen. Und gerade als er die Küche verließ, schoben sich Vicky und Zac an ihm vorbei, um Sekt und Gläser zu holen. *Noch mehr Alkohol?*, dachte ich mit einem leichten schummrigen Gefühl im Magen und half Vicky, die Gläser rein zu tragen. Als wir den prickelnden Schampus an alle verteilt hatten, stimmte Lynn das Geburtstagslied ein und alle sangen mit.

»Auf 25 weitere Jahre«, rief Will, woraufhin wir klatschen und uns zuprosteten.

»Okay. Seid mal alle ruhig«, sagte Vicky und deutete auf Zac, der die Geburtstagstorte hereintrug. Und was für eine. Jason musste ein *30 Seconds To Mars* - Fan sein, denn das Logo prangte unübersehbar auf der aufwändig gestalteten Oberfläche und an den Seiten hingen aus Schokolade gefertigte Notenschlüssel.

»Wahnsinn«, flüsterte ich, woraufhin mir Alex stolz verkündete, dass es seine Idee gewesen war. Als Vicky alle dazu gebracht hatte, leise zu sein, winkte sie Jason an den Tisch heran.

»Wie es bei uns Tradition ist, darf sich das Geburtstagskind etwas wünschen, das heute noch erfüllt werden muss.« Wieder wurde geklatscht und gegrölt.

»Wie meint sie das?«, raunte ich Alex zu, während sich Jason vor dem Kuchen positionierte .

»Genauso wie sie gesagt. Alles, was Jason will, muss heute noch erfüllt werden. Vicky hat sich letztes Jahr gewünscht, dass wir Männer in Unterhosen auf den Tischen tanzen ... und naja, das haben wir dann auch gemacht.« Ich lachte.

»Im Ernst?«

»Lach lieber nicht zu früh. Wenn sich Jason von dir einen Lapdance wünscht, dann musst du das auch machen oder 100 Mäuse auf den Tisch legen.« Ich lachte ungläubig, nahm einen großen Schluck Sekt und sah zu Jason. Sein Blick war zufällig auf mich gerichtet, oder doch nicht? Er schenkte mir ein gedehntes Lächeln, dann verkündete er laut:

»Ich werde mir im Laufe des Abends einen Kuss einholen ... und zwar von Claire.« Ich schaffte es gerade noch, den Sekt im Mund zu behalten, verschluckte mich aber daran und begann qualvoll zu husten. Die anderen mussten lauthals lachen, einige klatschten sogar und Alex klopfte mir hilfsbereit auf den Rücken, so dass ich wieder Luft bekam. Vicky beugte sich zu Jason, doch was sie ihm zuraunte, konnte ich wegen der Lacher nicht hören. Was hatte sie ihm gesagt? Warum sahen mich die beiden so geheimnisvoll an? Ich versuchte ein unbekümmertes Lächeln aufzusetzen, nach dem Motto: Hey, es ist ja nur ein Kuss, doch ich konnte nicht einmal mich selbst überzeugen.

Ich meine, küssen?

Ich konnte Jason nicht küssen, das war ja widerlich! Das Kribbeln, das ich bei diesem Gedanken verspürte, strafte meine Gedanken allerdings Lügen.

Ich bekam Panik und überlegte, wie ich mich aus der Affäre ziehen konnte. Ich konnte vortäuschen, dass es mir schlecht ging und mich nach Hause schicken lassen oder ich sperrte mich auf der Toilette ein. Und was sollte das überhaupt bedeuten, im Laufe des Abends?

Warum nicht jetzt, vor allen anderen? Dann brauchte ich wenigstens keine Angst haben, dass er mir die Zunge in den Hals schob.

Kapitel 24

»Er will sich an mir rächen«, murmelte ich Vicky zu und nippte an meinem dritten Sektglas. Wenn ich mich nur genügend zulaufen ließ, verlor Jason vielleicht das Interesse an mir - wer wollte schon eine armselige Schnapsdrossel küssen? Der hohe Alkoholkonsum brachte leider eine unangenehme Nebenwirkung mit: ich musste etwa alle zwanzig Minuten auf die Toilette. Und weil ich mich alleine nicht traute, aus Angst, Jason würde mich unterwegs abfangen, hatte mich Vicky schon drei Mal begleiten müssen.

»Wen meinst du?«, fragte sie geistesabwesend.

»Na, Jason! Ich hab ihm eine selbstbemalte Tasse mit einem Haufen in der Mitte geschenkt und jetzt will er sich an mir rächen.« Sie lachte so laut auf, dass für einen Moment alle Augenpaare auf uns gerichtet waren und ich musste ihr lautes Gelächter mit einem Kissen ersticken. Auch Jason, der mit Alex und Will im Flur stand und sich unterhielt, sah kurz zu uns, doch ich schaute schnell weg.

»Das hast du nicht gemacht?«, sagte sie und wischte sich die Tränen, als sie sich beruhigt hatte. *Ich fürchte doch.* So unauffällig wie möglich, schielte ich noch einmal in den Flur, doch Jasons Blick war immer noch auf mich gerichtet. Als sich unsere Blicke trafen, winkte er mir frech zu, ich schaute eilig weg und atmete tief durch.

Zehn Minuten später wurde das Büffet, das Lynn und Bryan in der Zwischenzeit angerichtet hatten, eröffnet und alle machten sich in die Küche auf. Mir blieb nichts anderes übrig, als ihnen zu folgen, wollte ich nicht alleine zurückbleiben und riskieren, von Jason angefallen zu werden. Als ich an ihm vorbeikam, glaubte ich ihn aus den Augenwinkeln hämisch grinsen zu sehen. Na, wenigstens amüsierte sich einer über meine aussichtslose Lage!

»Hmm, das sieht aber lecker aus«, sagte ich mit einem Blick auf das reichhaltige Büffet und vergaß Jason für einen Moment. Eigentlich war ich noch ziemlich gesättigt vom Geburtstagskuchen, doch beim Anblick der bunt angerichteten Fingerfood-Platten konnte ich einfach nicht widerstehen.

»Gibst du mir auch so eins?«, erklang Jasons Stimme an meinem Ohr, als ich mir ein paar Häppchen auf den Teller legte. Er war mir so nahe, dass ich seinen Atem spüren konnte. *Ob ich dir was gebe? Sehe ich etwa aus wie deine Angestellte?*, hätte ich beinahe gefragt. Doch weil er heute Geburtstag hatte, kam ich seiner Bitte kommentarlos nach und reichte ihm das Shrimps-Törtchen mit einem künstlichen Lächeln.

Schon komisch, wie schnell sich die Meinung ändern konnte, dachte ich, als ich mich an ihm vorbeischob und Vicky folgte. Noch vor einer halben Stunde hatte ich geglaubt, Jason in einem ganz anderen Licht zu sehen, doch nachdem er seinen Wunsch geäußert hatte, wurde ich wieder vollkommen zurückgeworfen – ich hasste ihn! Abgesehen von meinen neuen alten Hassgefühlen ihm gegenüber war die Stimmung aber ausgelassen, was nicht zuletzt am stetig fließenden Alkohol lag und als mir Jason auch nach zwei Stunden keinen Zentimeter zu nahe gekommen war, vergaß ich allmählich die Sorge um ihn. Kurz vor Mitternacht veranstalteten wir ein Trinkspiel, bei dem ich aber schon nach der dritten Runde ausstieg.

»Das musst du jetzt aber noch trinken«, verlangte Vicky und hielt mir den Shot direkt vor die Nase.

»Auf keinen Fall. Ich sehe jetzt schon alles doppelt«, nuschelte ich und drückte ihren Arm weg. Die anderen lachten und beschimpften mich als Spielverderberin, doch ich blieb standhaft. Wenn ich noch mehr trank, würde ich unter dem Tisch liegen und das wollte sicher niemand. Als das Trinkspiel in die nächste Runde ging, stahl ich mich in Richtung Toilette davon und war froh, dass ich noch gerade laufen konnte.

Im Bad angekommen, spritzte ich mir kaltes Wasser ins Gesicht, um die leichte Benommenheit abzuschütteln – es half natürlich nichts. Brot, ich brauchte Brot, dachte ich mir und lief zur Küche. Unglücklicherweise verfehlte ich diese aber um einen Raum und landete, als ich das Licht anknipste, in Zac‘s Zimmer.

Oh Mann! Offenbar war ich doch nicht mehr ganz auf der Höhe, dachte ich und ließ den Blick umherschweifen. Aber wenn ich schon mal hier war, konnte ich mich genauso gut umsehen. Das Trinkspiel würde noch eine Weile dauern und da mich Spielverderberin eh niemand vermissen würde, konnte ich mich hier genauso gut umsehen. Ich mochte es, in fremden Zimmern zu stöbern, war aber nicht so unverschämt, Schränke oder Schubladen zu öffnen. Deshalb nahm ich auch an, dass Zac nichts gegen einen kleinen Rundgang haben würde. An der gegenüberliegenden Wand hing ein großes Poster von einer mir unbekannten Band. Quer über das Bild war etwas geschrieben, das von der Tür aus allerdings nicht zu erkennen war. Ich wollte gerade näher herantreten und es mir ansehen, als ich die Tür knarren hörte.

Oh nein! Wie in Zeitlupe drehte ich mich um, denn plötzlich erinnerte ich mich daran, noch eine Schuld begleichen zu müssen.

»Kannst du es kaum erwarten, mich zu küssen oder warum machst du es mir auf einmal so leicht?«, fragte Jason und schloss die Tür hinter sich. Ich fühlte meinen Puls in die Höhe schießen und wich langsam ins Zimmer zurück. Eigenartigerweise war ich jedoch nicht annähernd so ängstlich, wie ich eigentlich sein sollte. Stattdessen verspürte ich ein Kribbeln, das sich von den Zehenspitzen über meinen gesamten Körper ausbreitete. *Böser Alkohol, böser*

Alkohol!, schimpfte ich und stieß mit dem Rücken gegen einen Schrank. *Wenn du mir nicht die Sinne vernebeln würdest, hätte ich schon längst das Weite gesucht.*

»Ich … ich gebe dir das Geld«, stotterte ich und streckte meine Arme aus, als er dicht an mich herangetreten war. Doch er ließ sich davon nicht aufhalten, sondern lehnte sich mit seinem Gewicht solange dagegen, bis meine Arme vor Erschöpfung einknickten. Und da ich ohnehin nicht sonderlich stark war, lag sein Körper schon nach wenigen Sekunden auf meinem.

»Wirklich? Wo ist es?«, fragte er und presste sich der Länge nach an mich. Ich konnte ein Stöhnen nicht unterdrücken, als ich seinen harten und warmen Körper spürte und hätte mir am liebsten die Hände vor den Mund geschlagen. *Claire Daniels! Was ist nur mit dir los?*

»Äh …« Was hatte er gerade gesagt? *Konzentrier dich, Claire, konzentrier dich!* Ach ja, wo das Geld war.

»In meiner Tasche. Wenn du sie mir kurz holst …« Er lachte, was unsere beiden Körper vibrieren ließ und näherte sich mir mit dem Gesicht.

»Es wird Zeit, dass du mir meinen Wunsch erfüllst«, säuselte er und küsste mich vollkommen unvorbereitet auf die Wange. Dieser eine, hauchzarte Kuss ließ tausend Nervenenden in meinem Körper explodieren und machte mich gleichzeitig hellwach.

»Warte … warte«, sagte ich erschrocken und versuchte ihn von mir zu drücken, doch er rührte sich keinen Millimeter.

»Nein«, flüsterte er und gab mir den nächsten Kuss - diesmal auf den Hals. Ein weiteres Stöhnen entfuhr mir, was er als Einladung deutete.

»Jason!«, versuchte ich es ein letztes Mal, als er meine Hände nahm, sie mir auf den Rücken drückte und mich somit wehrlos machte. Ich war schockiert, doch gleichzeitig spürte ich meinen Widerstand bröckeln. Das nächste Mal würde er mich auf den Mund küssen und diese Erkenntnis erschreckte und erregte mich gleichermaßen. *Er darf mich nicht küssen*, hallte es panisch in meinem Kopf und gleichzeitig kam es von der anderen Seite *küss mich, küss mich endlich.*

»Weißt du, wie oft ich mir das schon vorgestellt habe?«, fragte er und leckte sich erwartungsvoll die Lippen, dann lag sein

Mund auf meinem. Ich versuchte ihn noch ein letztes Mal wegzustoßen und schaffte es tatsächlich, dass sich seine Lippen von meinen lösten, doch die Freiheit währte nur eine Sekunde, denn sofort drückte er sich wieder an mich und heftete seine Lippen so fest auf meine, als wollte er sich festsaugen. *Jason, stopp!*, versuchte ich zu sagen, doch es war ein erbärmlicher Versuch, der wahrscheinlich einzig und allein dazu diente, mein schlechtes Gewissen zu beruhigen.

Denn wenn ich ehrlich war, wollte ich nicht, dass er überhaupt jemals wieder aufhörte. Jede Zelle meines Körpers vibrierte, mein Mund stand in Flammen und ich fragte mich, ob ich jemals ein solches Feuer in mir gespürt hatte?

Er ließ meine Hände los, um mir seine um den Hals zu legen und mich endgültig gefangen zu nehmen und ich tat nichts, um ihn aufzuhalten.

Ich berührte ihn nicht, aus Angst, dann endgültig die Kontrolle zu verlieren, doch ich gebot ihm auch keinen Einhalt. Als er meine Lippen öffnete, um mit der Zunge einzudringen, schwanden mir die Sinne. Ich wusste nicht mehr, wo oben und unten war und fühlte mich aus meinem Körper herausgerissen. Mein Gott. Lag es am Alkohol oder war Jason wirklich so ein verdammt guter Küsser?

»Hey Süße, nicht wegtreten«, hörte ich ihn sagen. Wegtreten? Ich blinzelte und sah in seine dunklen Augen, die meinen so nahe waren. Dann bemerkte ich, dass ich nicht länger stand, sondern auf dem Boden hockte. Oh Gott, ich war doch nicht?

»Bin … bin ich …?«

»Nein«, sagte er mit einem amüsierten Glitzern in den Augen.

»Aber du konntest dich offenbar nicht mehr auf den Beinen halten.« Ich versuchte aufzustehen, doch meine Glieder hatten sich vorläufig in Wackelpudding verwandelt, so dass er mir aufhelfen musste.

»Darf ich annehmen, dass deine Reaktion auf meine außergewöhnlichen Kusskünste zurückzuführen ist?«, fragte er scherzhaft, doch mir war ganz und gar nicht nach Lachen zumute. Abgesehen davon, dass ich gerade den größten Fehler meines Lebens begangen und Jason geküsst hatte, war ich auch noch in seinen Armen zusammengeklappt wie ein verknallter Teenager!

»Mir ist schlecht«, murmelte ich und das war nicht einmal gelogen. Auf wackeligen Beinen stolperte ich auf die Tür zu und Jason folgte mir.

»Oh, na vielen Dank«, hörte ich ihn brummen. Mir wäre lieber gewesen, wenn er mich allein gelassen hätte, doch ich brachte nicht die Kraft auf, ihn fortzuschicken. Meine ganze Konzentration verwendete ich darauf, mich nicht auch noch zu übergeben - das wäre mein Ende gewesen. Ich konnte nicht glauben, dass ich vor ihm zusammengebrochen war. Ich meine, wie peinlich war denn das bitte? Er musste ja denken, dass ich noch nie zuvor geküsst worden war!

Als ich das Bad erreicht hatte, flachte mein Übelkeitsgefühl erfreulicherweise ab und nachdem ich mich zwei Minuten lang ereignislos über die Toilette gebeugt hatte, konnte ich mir sicher sein, dass ich mich nicht übergeben würde.

Ich erhob mich, schaltete das Licht aus und lief an Jason vorbei, ohne ihn anzusehen - ich wäre am liebsten tot umgefallen. Doch mein Zusammenbruch sollte nicht die einzige Demütigung für heute Abend sein. Offenbar waren die anderen in Jasons Vorhaben eingeweiht gewesen, denn als ich ins Wohnzimmer trat, wurde ich mit lautem Applaus und Sprüchen wie

»Da ist ja die Glückliche« begrüßt. Ich warf Jason einen giftigen Blick zu, den er nur mit einem entschuldigenden Schulterzucken quittierte. Auch er sah aus, als hätte er sich die Sache anders vorgestellt.

»Ja ja, ist ja gut jetzt«, sagte ich und versuchte den Lärm mit einer Geste einzudämmen. Als es ruhiger war, verkündete ich:

»Ich glaube, ich gehe nach Hause, mir geht's nicht gut.« Da brachen sie wieder in Gelächter aus.

»Was denn, bist du so schlecht?«, fragte Zac an Jason gewandt und konnte sich vor Lachen kaum halten. Dieser lächelte gequält zurück und sagte:

»Ich bringe sie nur schnell nach Hause, dann komme ich wieder her.«

»Oha, oder sie wollen ihr Techtelmechtel zu Hause weiterführen«, sagte Vicky an Lynn gewandt, woraufhin diese kicherte.

»War doch nur ein Witz«, fügte sie schnell hinzu, als sie meinem tödlichen Blick begegnete. Kommentarlos schnappte ich meine Handtasche, lief zur Garderobe und zog mich an, dann verließ ich die Wohnung. Ich wartete nicht auf Jason und warf auch keinen Blick zurück, während ich die Haustreppe hinuntersprintete. Ich wollte einfach nur hier weg – und von ihm.

Als ich die letzte Stufe erreicht hatte, holte er mich ein und hielt mir die Tür auf. Seinem Blick nach zu urteilen, fand er es gar nicht lustig, dass ich die steilen Treppen in meinem Zustand alleine hinuntergestiegen war. Mir doch egal. Als wir in seinem Auto saßen und ich immer noch kein Wort gesprochen hatte, sagte er:

»Hör zu …«, doch ich unterbrach ihn sofort.

»Ich will nichts hören, Jason, ich warne dich.« Ich warf ihm meinen tödlichsten Blick zu, doch das hielt ihn nicht davon ab, zu schmunzeln. Er presste fest die Lippen zusammen, als versuche er ein Lachen zu unterdrücken, dann nickte er:

»Okay. Kein Sterbenswörtchen.« Als wir in unsere Einfahrt bogen, spürte ich wieder das leichte Schwindelgefühl, was zweifellos an der Frischluftzufuhr lag, die ich während der Autofahrt genossen hatte. Als ich nämlich das Fenster runterkurbeln wollte, hatte mich Jason ausdrücklich vor den Folgen von Alkohol und frischer Luft gewarnt, doch ich hatte ihn ignoriert und geantwortet, dass ich sonst erstickte. Das war allerdings gelogen, denn ich *wollte,* dass der Alkohol knallte.

Ich wollte die peinliche Szene und all mein Schamgefühl vergessen … und verdammt, es funktionierte. Als der Wagen zum Stehen kam, konnte ich mich nur noch verschwommen an die letzte halbe Stunde erinnern.

»Haben wir Burger zu Hause?«, fragte ich und sprang aus dem Wagen.

»Ein Cheeseburger wäre jetzt nicht schlecht.«

»Wann hatten wir jemals Cheeseburger zu Hause?«, fragte er stirnrunzelnd und schaltete den Motor ab. Ich zuckte die Schultern und durchwühlte meine Handtasche nach dem Schlüssel. Als ich nach einer Minute aber immer noch keinen hervorgeholt hatte, seufzte er und nahm seinen.

»Ich hab dich vor der Frischluft gewarnt«, sagte er und hielt mir die Tür auf, damit ich eintreten konnte.

»Und was machen wir jetzt?«, fragte ich, nachdem ich meine Straßenkleidung ausgezogen hatte.

»*Wir* machen überhaupt nichts. Du gehst jetzt schlafen und ich werde wieder zurückfahren.« Ich drehte mich zu ihm um.

»Bist du sicher, dass du nicht bleiben und mich weiterküssen willst?«, fragte ich kichernd. Einen Moment war ich schockiert über meine Worte, doch im nächsten Augenblick war das Gefühl schon wieder verschwunden und etwas ganz anderes breitete sich in mir aus. Ich betrachtete Jasons düstere Erscheinung, wie er da in der Tür stand und einem dunklen Engel ähnelte und verspürte wieder dieses Kribbeln im Bauch.

Er sah so unbeschreiblich gut aus, dass es schon fast wehtat, ihn anzusehen und ich war verdammt scharf auf ihn. Nur sein schockiertes Gesicht passte nicht ganz zu seiner perfekten Erscheinung.

»Okay, offenbar ist dir der Alkohol *sehr* zu Kopf gestiegen.« Damit kam er zu mir und drängte mich die Treppe hinauf. Dazu legte er mir eine Hand auf den Rücken und entfachte dabei ungewollt ein weiteres Feuer in mir. Ich konnte an nichts anderes denken, als meine Hände in seine Haare zu krallen und ihn zu küssen. Ich dachte daran, wie oft ich ihn schon abgewiesen hatte und fragte mich nun, woher zum Teufel ich überhaupt den Willen dazu hatte aufbringen können?

Nach drei Stufen wurde ich langsamer. Wenn ich erst einmal in meinem Zimmer war, wäre der Abend für mich gelaufen. Jason würde wieder zur Party gehen und ich müsste mich morgen mit Gewissensbissen herumplagen. Warum dann nicht noch einmal die Chance ergreifen? Ermutigt vom Alkohol drehte ich mich mitten auf der Treppe um und fiel ihm um den Hals. Ich wollte ihn küssen, doch er wirbelte mich blitzschnell herum und drückte mich an die Wand.

»Du spielst mit dem Feuer, Claire, weißt du das?«, fragte er mit belegter Stimme und lehnte seine Stirn gegen meine. Oh ja, das wusste ich und es fühlte sich verdammt gut an. Ich hatte schon lange nichts Wagemutiges mehr getan, so dass ich wie im Rausch war. Doch bevor ich etwas sagen konnte, packte er mich an den Armen und zog mich weiter die Treppe hinauf. *Na super, Claire*, dachte ich, während wir den Flur entlang liefen. *Soviel zu deinem Plan!* Doch ich wollte nicht so schnell aufgeben. Ich wusste, dass ich morgen alles bereuen würde, aber nicht heute, heute wollte ich einfach nur unvernünftig sein … ich wollte mit dem Feuer spielen!

»Ich will duschen«, sagte ich, als er mich in mein Zimmer dirigiert hatte.

»Das kann bis morgen warten. Du sorg lieber dafür, dass du deinen Rausch ausschläfst«, sagte er streng. Ich bemerkte, dass seine Augen träge glänzten und sich seine Brust angestrengt hob und senkte. Offenbar hatte ihn der Kuss nicht annähernd so kalt gelassen, wie er tat. Ohne seinen Worten Beachtung zu schenken, holte ich ein großes Handtuch aus meiner Kommode hervor.

»Ich mag vielleicht betrunken sein, aber das gibt dir noch lange nicht das Recht, mich zu bevormunden. Wenn ich duschen will, dann mache ich das auch.« Er sah nicht glücklich aus, als ich mich an ihm vorbeischob, hielt mich aber auch nicht auf.

»Willst du dir unbedingt den Hals brechen? Ich kann dich doch nicht in diesem Zustand in die Wanne steigen lassen«, rief er mir hinterher, als ich das Bad ansteuerte.

»Du kannst ja hier so lange warten.« Damit machte ich die Tür zu, schloss aber nicht ab, für den Fall, dass ich doch ausrutschte oder mich sonstwie verletzte, meine Beine fühlten sich nämlich immer noch verdammt wackelig an. Als ich mich meiner Sachen entledigt hatte und nur noch in Unterwäsche dastand, zögerte ich, denn die Tür war nicht abgeschlossen. Er würde doch nicht einfach reinkommen und gucken, oder?

Denn auch wenn ich mich ihm gerade an den Hals geworfen hatte, nackt wollte ich mich bestimmt nicht präsentieren und da wir keinen Duschvorhang hatten, wäre ich seinen Blicken schutzlos ausgeliefert. Doch ich schüttelte gleich wieder den Kopf.

So wie er sich verhielt, würde er sicher nicht gucken - er wollte mich ja noch nicht einmal küssen! Das warme Wasser tat gut auf der Haut und als ich meine Haare shamponiert und von dem penetranten Zigarettengestank befreit hatte, drehte ich den Wasserhahn zu. Ich griff nach dem Handtuch, das auf der Ablage an der Wand lag und wollte aus der Wanne steigen. Als ich allerdings die gewaltige Pfütze auf dem Boden sah, zögerte ich. Das einzige Handtuch im Bad hatte ich mir um den Körper geschlungen und es war weit und breit keines in Sicht, das ich als Fußmatte hätte verwenden können. Ich wollte mir aber ungern den Hals brechen. Sollte ich Jason rufen?

Da er ohnehin kein Interesse an mir zu haben schien, brauchte ich mir doch keine Sorgen machen, dass er mir das Handtuch vom Leib riss, oder? Mein Selbsterhaltungstrieb siegte und ich rief nach Jason. Eine Minute später stand er in der Tür.

»Ich glaube, ich nehme deine Hilfe jetzt doch in Anspruch«, sagte ich und deutete auf die Pfütze unter mir.

»Was hast du denn hier für 'ne Schaumparty veranstaltet?«, fragte er und kam zu mir. Er wollte mich heraushieven, doch weil er meine Arme packte, konnte ich mein Handtuch nicht mehr fixieren und es drohte an meinem Rücken aufzuklaffen.

»Halt still«, verlangte er, als ich mich zappelnd zu befreien versuchte und gleichzeitig rief ich:

»Lass mich los, lass mich los.« Nach einem kurzen Gemenge landeten wir schließlich auf sicherem Boden, nur war ich plötzlich an die Wand gedrückt und er an mich gepresst.

»Ähm, Jason?«, fragte ich, doch vielmehr aus Gewohnheit, als dass ich wirklich etwas gegen seine plötzliche Nähe hatte. Normalerweise hätte ich ihn jetzt mit einer barschen Antwort von mir geschubst und ihn als lüsternen Bock beschimpft, doch der Alkohol schien eine dunkle Seite in mir hervorgerufen zu haben, denn es gefiel mir, wie er mich an die Wand drückte.

»Wenn du dein Handtuch nicht festhältst und ich dich loslasse, rutscht es runter«, erklärte er mit ernster Stimme. Oh. Deshalb hatte er mich also gegen die Wand gedrückt, begriff ich nüchtern. Er wollte nur verhindern, dass ich mir die Blöße gab.

Er war mir so nahe, dass einige von meinen Haarsträhnen in seinem Gesicht klebten und es juckte mich in den Fingern, sie von seinem schönen Gesicht zu lösen. Anstatt seiner Aufforderung nachzukommen und mein Handtuch zu packen, hob ich also die Hände und strich ihm übers Gesicht. Sein Körper erstarrte zu einer Salzsäule und er sah mich mit geweiteten Augen an. Dann, von einem plötzlichen Verlangen gepackt, schlang ich ihm die Arme um den Hals und drückte mich an ihn.

»Wa …?«, fragte er und wich zurück, doch da lagen meine Lippen schon auf seinen. Genauso wie er mich vorhin überrumpelt hatte, tat ich es jetzt bei ihm und ich genoss seine Verblüfftheit. Seine Lippen waren warm und weich und das Wissen, dass er den Kuss eigentlich nicht wollte, machte ihn nur umso süßer. Dadurch, dass ich ihm die Arme um den Hals gelegt hatte, nahm er mich mit dem Schwung mit und meine Rückseite war nicht länger an die Wand gepresst. Das hatte allerdings zur Folge, dass sich das Handtuch verabschiedete und in der nächsten Sekunde zu unseren Füßen lag. Jason und ich erstarrten und ich löste mich von seinen Lippen. Dann wurde ich panisch und presste mich mit aller Kraft an ihn.

»Claire«, sagte er protestierend, doch ich beachtete ihn nicht.

»Wehe, du guckst. Nicht gucken!«, rief ich angstgelähmt und verstärkte meinen Griff. Ich merkte, dass er sich zurückziehen wollte, doch das konnte er nicht, ohne meinen nackten Körper zu berühren.

»Okay«, sagte er mit erhobenen Händen.

»Aber wenn du noch länger so an mich gepresst bist, kann ich für nichts mehr garantieren«, fügte er in einem Tonfall hinzu, der deutlich machte, dass er kurz davor, war die Kontrolle zu verlieren. Dadurch, dass ich noch nass war, wurde sein dünnes Shirt praktisch aufgelöst, so dass ich seine warme Brust auf meiner spüren konnte - und ich wusste, dass es umgekehrt genauso war.

»Claire! Zieh dir verdammt nochmal was über!«, verlangte er mit zusammengebissenen Zähnen.

»Okay, okay. Schließ die Augen«, sagte ich, damit ich das Handtuch vom Boden aufheben konnte. Er tat es und ich hatte das Handtuch schon in der Hand, doch dann kam mir ein fieser Gedanke. Jason hatte mich in den letzten Wochen bis zum Äußersten getrieben und ich hatte mir immer vorgenommen, es ihm irgendwann heimzuzahlen.

Wie konnte ich mich also besser dafür rächen, als ihn nun seinerseits zum Äußersten zu treiben? Ich wusste, dass es gewagt war. Oh man, es war ja sowas von gewagt, aber der Alkohol benebelte meine Sinne und machte mich übermütig.

»Jason«, sagte ich mit leiser Stimme.

»Du kannst jetzt wieder gucken.« Er öffnete die Augen und in der nächsten Sekunde war ich wieder an die Wand gedrückt.

»Sag mal, willst du mich eigentlich verarschen oder spielst du gerne mit dem Feuer?«, fragte er mit zusammengebissenen Zähnen und starrte mir angestrengt ins Gesicht. Ich sah ihm an, dass er versucht war, einen Blick nach unten zu werfen, wo ich noch genauso nackt war wie zuvor. Ich lächelte schadenfroh.

»Geschieht dir recht, so dreist wie du in den letzte Wochen gewesen bist.« Seine Stirn zog sich verärgert zusammen und ich musste zugeben, dass es mir gefiel, dass er wütend war.

Jetzt konnte ich nachvollziehen, was er damit meinte, als er sagte, es wäre sexy, wenn ich sauer war.

»Das ist ein denkbar schlechter Zeitpunkt, um sich für irgendwas zu rächen, findest du nicht?« Er biss die Zähne zusammen.

»Verdammt Claire, weißt du, dass ich kurz davor bin, dich einfach ins Schlafzimmer zu tragen und da weiterzumachen, wo wir aufgehört haben? Ich bin nicht der Typ, der betrunkene Frauen ausnutzt, aber du treibst mich wirklich zum Äußersten!«

Er schloss die Augen, bückte sich, hob das Handtuch auf und legte es mir schon fast gewaltsam um den Körper. Ich konnte nicht begreifen, warum er sich plötzlich so abweisend verhielt. Vorhin auf der Party war er doch noch ganz versessen darauf gewesen, mich zu küssen?

»Was ist überhaupt mit dir los? Vorhin hast du doch auch nichts gegen einen Kuss gehabt?«, fragte ich verwirrt.

»Ich hab meine Meinung eben geändert«, sagte er knapp. Ich zog verärgert die Stirn zusammen.

»Aha. Dann geht es also immer nach deiner Nase, oder wie? Ist das etwa deine Masche? Du rennst einer Frau wochenlang hinterher und wenn sie dir endlich nachgibt, lässt du sie abblitzen? Ich wusste ja, dass du ein Arschloch bist, aber so …«

»Moment mal«, fiel er mir ins Wort.

»Mir nachgeben? Heißt das etwa …?« Mein Herz blieb stehen. Hatte ich das gerade wirklich laut gesagt?

»Äh nein. Nein, ich meine … ach, ich bin wahrscheinlich betrunken«, versuchte ich mich nervös lächelnd rauszureden, doch er schien nicht überzeugt. Sein Blick war unergründlich und ich fühlte mich augenblicklich unwohl in meiner Haut. Plötzlich war meine Benommenheit wie weggewischt und ich schlang das Handtuch fest um meinen Körper. Er starrte mich noch einen Augenblick an, dann sagte er in ruhigem Tonfall.

»Du musst wissen, dass es nur zwei Möglichkeiten gibt, mit mir eine Beziehung zu führen. Entweder auf rein körperlicher Ebene oder freundschaftlich. Aber ich gehe nie, niemals eine Beziehungen ein.« Das hatte ich mir schon fast gedacht, sooft wie er seine Bettgespielinnen wechselte, dennoch fragte ich:

»Warum nicht?« Er zögerte, dann schenkte er mir ein gekünsteltes Lächeln und sagte:

»Das … hat mit meiner Vergangenheit zu tun. Sagen wir einfach, es fällt mir schwer, Vertrauen zu fassen.« Mit seiner Vergangenheit?

»Aber … dann verstehe ich nicht, was das Ganze soll? Am Anfang warst du so ein

Arsch und jetzt ... was willst du von mir, Jason?« Er leckte sich über die Lippen und das auf eine Art und Weise, die mir augenblicklich Hitze ins Gesicht schoss.

»Was ich will?«, flüsternd er und kam mit dem Gesicht dicht an mein Ohr.

»Am liebsten würde ich dich aufs Bett schmeißen und dir zeigen, wie gut ich auf meinem Fachgebiet wirklich bin. Ich würde dir am liebsten das Handtuch vom Leib reißen und ...«

»Okay!«, keuchte ich mit erhobener Hand.

»Ich hab‘s verstanden.« Blieb nur noch die Frage, warum er es dann nicht tat? Nicht, dass ich mich überhaupt darauf eingelassen hätte … oder?

Nein, nein, das hätte ich auf keinen Fall! Er hob mein Kinn und zwang mich, ihn anzusehen, dann sagte er:

»Aber weil ich dich mag, Claire, werde ich nichts von alledem tun – zumindest versuche ich es und du machst es mir nicht gerade leicht.«

»Aber warum?«, fragte ich. Meine Stimme war kaum mehr ein Flüstern.

»Weil ich gesehen habe, wie schockiert du nach unserem Kuss warst.

Du würdest dich niemals auf eine Bettgeschichte einlassen und ich würde keine Beziehung eingehen. Und genau deshalb … würde das nie mit uns funktionieren.«

Damit ließ er mich stehen und verließ den Raum.

Kapitel 25

»Nein, nein, nein«, stöhnte ich zum x-ten Mal und verkroch mich unter der Bettdecke.

»Das ist nicht passiert. Das ist gestern nicht passiert!« Doch so sehr ich mich auch vom Gegenteil zu überzeugen versuchte, ich sah jedes schmutzige Detail des gestrigen Abends vor meinem inneren Auge ablaufen. Ich wollte sterben. Ich wollte, dass sich ein schwarzes Loch im Boden auftat und mich mit Haut und Haaren verschlang.

Doch so sehr ich auch darum bat, selbst die Hölle schien mich nicht haben zu wollen. *Weil du ein Flittchen bist*, erklang eine böse Stimme in meinem Kopf. Zumindest musste Jason mich für eins halten, so verzweifelt wie ich mich ihm gestern an den Hals geworfen hatte. Und dann war ich auch noch nackt gewesen! Oh Gott. Er würde mir doch nie abkaufen, dass ich mich nur wegen des Alkohols so benommen hatte.

Die Krönung war dann allerdings seine Abfuhr gewesen. Wie paradox war das denn bitte? Jason, der mir schon seit Wochen nachstellte, hatte mich einfach so abblitzen lassen! Nicht, dass ich gestern wirklich mit ihm geschlafen hätte, vielmehr hatte ich ihn provozieren wollen, aber genau das musste er doch jetzt von mir denken, oder? Es war dreizehn Uhr und ich hatte riesen Hunger. Außerdem drückte meine Blase, doch aus Angst, Jason zu begegnen, hatte ich das Zimmer noch nicht verlassen.

Ich konnte einfach nicht. Ich wäre gestorben, wenn ich ihm jetzt gegenüberstehen würde. Erst als ich die Haustür zufallen und den Motor aufröhren hörte, traute ich mich aus dem Zimmer. Ich stürmte allerdings nicht sofort in die Küche, sondern wartete noch etwa fünf Minuten im Flur, für den Fall, dass er mir eine Falle stellte und jeden Moment zurückkam. Paranoid? Wer, ich?

Nachdem ich mich vergewissert hatte, lief ich in die Küche und setzte Kaffee auf. Dann schmierte ich mir ein Marmeladenbrot und setzte mich mit dem Teller und der dampfenden Tasse vor den Fernseher, wobei meine Gedanken immer wieder zum Vorabend zurücksprangen. Ich konnte einfach nicht glauben, dass das wirklich geschehen war. Ich meine, ich wusste es, aber ich wollte es einfach nicht wahrhaben. Nachdem ich gefrühstückt hatte, rief ich Vicky an, um mich nach Jasons Zeitplan zu erkundigen. Ich wollte wissen, ob er nach der Uni etwas vorhatte und wann er nach Hause kam, damit ich entsprechend planen konnte. Ich hatte mir nämlich fest vorgenommen, ihm nie wieder unter die Augen zu treten.

»Keine Ahnung, er hat nichts gesagt. Aber willst du mir nicht lieber erzählen, was gestern passiert ist?«, fragte Vicky. Warum hatte sie so einen seltsamen Unterton? Wusste sie etwa mehr? Hatte ihr Jason bereits jedes schmutzige Detail ausgeplaudert?

»Äh passiert? Nichts … nichts ist passiert. Wie … wie kommst du darauf?«, stotterte ich. Vicky lachte.

»Vielleicht, weil du dich anhörst wie ein verschrecktes Huhn? Los, raus mit der Sprache«, verlangte sie streng.

»Na gut, aber nicht am Telefon. Ich erzähl‘s dir nachher«, versprach ich resigniert.

»Ich freu mich schon drauf.« Damit legte sie auf und ich zog mich an, um einkaufen zu gehen. Eigentlich hatte ich heute eine wichtige Lesung besuchen wollen, doch da ich absolut nicht erpicht auf ein Treffen mit Jason war, musste ich mir die Zeit anders vertreiben.

Ich hätte natürlich auch lernen können, doch ich glaubte nicht, dass ich vorläufig überhaupt etwas in meinen konfusen Kopf bekam, also musste ich mich irgendwie anders beschäftigen.

Und was eignete sich da besser, als meine berühmten Krisen-Cupcakes zu backen?

***

Nachdem ich so viele Zutaten gekauft hatte, dass ich eine ganze Nachbarschaft mit den süßen Kalorienbomben hätte versorgen können, fuhr ich wieder nach Hause. Bevor ich die Tür jedoch aufschloss, vergewisserte ich mich, auch wirklich alleine zu sein.

Dafür war ich mir nicht einmal zu blöd, um die Büsche zu schleichen und durch die Fenster zu spähen. Gott, jetzt war ich vollkommen durchgedreht! Ich breitete die Zutaten auf dem Küchentresen aus, schaltete im Wohnzimmer den Fernseher an und begann mit meiner Therapie. Nachdem ich drei große Schüsseln gerührt hatte, füllte ich zwei Kuchenformen damit aus und schob sie in den Ofen. Eine Form gab jeweils zwölf Cupcakes her, es würden am Ende also eine Menge süße Kuchen werden.

Aber das war gut, so würde ich einige Zeit beschäftigt sein. Während die kleinen Törtchen vor sich hin backten, bereitete ich die verschiedenen Cremesorten zu, um sie anschließend im Kühlschrank kaltzustellen. Als fünfundzwanzig Minuten später die ersten Cupcakes fertig waren, füllte ich die Formen erneut auf und schob sie wieder in den Ofen.

Ich ließ den fertigen Teig etwa zwanzig Minute auskühlen und holte dann die kaltgestellte Creme aus dem Kühler. Und nachdem ich meinen Rhythmus gefunden hatte und an nichts anders mehr als Sahne, Teig und Puderzucker denken konnte, entspannte ich mich endlich.

Cupcakes zu backen, war wirklich wie Medizin für mich und erlaubte mir, meine Sorgen für kurze Zeit zu vergessen. Ich war gerade dabei, den Törtchen das berühmte Sahnehäubchen aufzusetzen, als ich Schlüssel vor der Tür klappern hörte. Das Blut gefror mir in den Adern.

»Oh nein«, flüsterte ich und stürzte in Richtung Treppe davon. Vicky kam montags nie vor 16 Uhr nach Hause, was bedeutete, dass das nur eine Person sein konnte. Mir hätte klar sein müssen, dass, egal wo ich mich auch versteckte, Jason wissen würde, dass ich zu Hause war. Die Cupcakes würden mich verraten, doch ich konnte im Augenblick nicht klar denken und wollte nur weg von ihm.

Ich sprintete so übereilig die Treppe hinauf, dass ich falsch auftrat und auf der vorletzten Stufe stolperte.

Und als mein Knie hart gegen die Treppe schlug, wurde mir schlecht vor Schmerzen, dennoch zwang ich mich weiter und schaffte es schließlich, ins Bad zu humpeln. Meine Tür schlug gleichzeitig mit der Wohnungstür zu.

»Claire?«, hörte ich Jason aus dem Eingangsbereich her rufen. Mist. Mist. Mist. Warum musste er ausgerechnet heute früher nach Hause kommen? Ich krempelte meine Hose hoch, um mir den Schaden anzusehen und versuchte gleichzeitig, meine Tränen wegzuwischen, doch ich hatte mich so doll gestoßen, dass ich nicht aufhören konnte zu weinen. Mein rechtes Knie hatte einen hübschen blauen Fleck und blutete etwas. Als ich die Wunde allerdings mit Toilettenpapier abtupfen wollte, explodierten kleine schwarze Pünktchen vor meinen Augen, so sehr tat es weh.

Immer noch weinend und mit zitternden Händen kramte ich den Sanitätskasten aus dem Schrank und hörte Jason die Stufen hinaufkommen. Vor dem Bad blieb er stehen.

»Warst du noch gar nicht in der Uni? Ich dachte, heute ist eine wichtige Lesung?«, fragte er durch die Tür. Woher wusste er das, verdammt? Konnte Vicky nicht einmal ihre Klappe halten?

»Ich bin auf dem Klo! Kannst du nicht warten, bis ich fertig bin?«, rief ich mit erstickter Stimme.

»Klar, ich … sag mal, weinst du?«, fragte er nach kurzem Zögern.

»Was? Nein!« rief ich erschrocken und wischte mir die Tränen weg – sie kamen immer wieder nach. Warum konnte ich nicht aufhören, zu flennen? Ich klebte ein großes Pflaster auf die Wunde und krempelte meine Hose vorsichtig runter, dann scheffelte ich mir kaltes Wasser ins Gesicht.

»Okay. Aber dein Teig brennt an«, bemerkte er und ging davon. Ich hörte, wie er sich in sein Zimmer verzog und die Tür schloss, erst dann öffnete ich vorsichtig die Badezimmertür. So leise wie möglich, stahl ich mich die Treppe hinunter, doch entweder hatte Jason mir aufgelauert oder ich war nicht leise genug, denn plötzlich stand er am Treppenansatz.

»Ist alles in Ordnung?«, fragte er und kam runter.

»Ja, was soll sein?«, fragte ich, ohne mich umzudrehen und lief eilig zur Küche. Dabei musste ich meine gesamte Willensstärke aufbringen, um nicht bei jedem Schritt zu humpeln – was allerdings zur Folge hatte, dass sich neue Tränen aus meinen Augen stahlen. Innerlich fluchend öffnete ich den Ofen, um die Backformen herauszuholen.

»Warum bist du nicht zur Uni gegangen?«, fragte Jason erneut. Er war jetzt direkt hinter mir. »Ich hab einen Kater«, antwortete ich und verfluchte den brüchigen Klang meiner Stimme. Warum musste sie eigentlich immer so wackeln, als hätte man einen Zitteraal verschluckt, wenn man weinte? Aus den Augenwinkeln sah ich, wie er sich an den Tresen lehnte und mich beobachtete.

»Aha und warum weinst du?«, fragte er mit ruhiger Stimme und es war genau diese Ruhe, die mich rasend machte. Warum war ich eigentlich so außer Fassung, wenn er so ruhig sein konnte?

»Tu ich doch gar nicht«, zischte ich und zog mir die Ofenhandschuhe über, immer darauf bedacht, ihm nicht das Gesicht zuzuwenden. Konnte er mich nicht einfach in Ruhe lassen? Er hatte ohnehin schon genug Schaden angerichtet. Obwohl, Moment, eigentlich war ich diejenige gewesen, die gestern über die Strenge geschlagen hatte.

Zum ersten Mal konnte ich Jason nicht für meine misere Lage verantwortlich machen und das war ein schreckliches Gefühl. Ich allein war schuld daran, wie ich mich jetzt fühlte, nicht Jason.

Offenbar war meine Antwort nicht glaubwürdig genug, denn er packte mich am Arm und riss mich grob zu sich herum. Ich stieß gegen ihn und sah mit zornigen Augen zu ihm auf – was beeindruckender gewirkt hätte, wenn meine Augen nicht rot geschwollen wären.

»Du hast geweint«, stellte er fest und sprach dabei wie zu sich selbst.

»Ach was!«, fauchte ich und riss mich von ihm los. Da wir das dann geklärt hatten, konnte er ja wieder abziehen! Doch das tat er nicht, Im Gegenteil, er war plötzlich ganz steif, als er sagte:

»Hör zu, was gestern vorgefallen ist, hat nichts zu bedeuten. Du warst betrunken und ich mache dir keine Vorwürfe.« Ich brauchte einen Moment, um zu begreifen, was er mir sagen wollte. Oh mein Gott, er dachte doch wohl nicht, dass ich wegen gestern Abend weinte? Ich fuchtelte wild mit den Händen herum und erklärte:

»Nein nein, ich weiß. Ich … weine nicht deswegen«, stotterte ich und wischte mir neue Tränen weg. Jason musterte mich wenig überzeugt, dann sagte er vorsichtig:

»Hey, das braucht dir nicht peinlich zu sein, ich …« Das war doch wohl unfassbar. Ich. Weinte. Doch. Nicht. Wegen. Ihm! Warum begriff er das nicht?

»Jason! Es ist mir nicht peinlich.« Okay, das war gelogen.

»Und ich weine auch nicht wegen gestern Abend, okay?« Gott, ich musste auf ihn wirken wie ein verknallter Teenager, der von seinem Jugendschwarm abgewiesen wurde.

»Warum dann die Tränen?«, fragte er erneut. Ungeduldig krempelte ich meine Hose hoch und deutete auf das Pflaster an meinem Knie.

»Weil ich mich gestoßen habe, siehst du? Du kannst also beruhigt sein.« Kritisch sah er mir dabei zu, wie ich die Hosen wieder runterkrempelte, dann fragte er:

»Und deshalb flennst du hier so rum? Das kaufe ich dir nicht ab.« Ich atmete tief durch und sagte ein letztes Mal:

»Glaub, was du willst, aber wenn du nicht sofort verschwindest, steche ich dich ab, ich schwör's.« Zur Verdeutlichung nahm ich das große Küchenmesser, mit dem er mich selbst einmal erschreckt hatte und fuchtelte damit herum. Das schien ihn dann zu überzeugen und kaum war er weg, hörten eigenartigerweise auch meine Augen auf zu tränen. Na vielen Dank auch!

Kapitel 26

»Oh nein. Sind das Cupcakes?«, fragte Vicky schockiert und trat in die Wohnung. Jason hatte das Haus vor zwei Stunden verlassen und mich doch tatsächlich gefragt, ob er mir was vom Shoppen mitbringen sollte. Wie sehr wollte er mich eigentlich noch demütigen? Erst schob er meine Tränen auf meinen missglückten Flirtversuch und dann hatte er auch noch ein schlechtes Gewissen deswegen? Das war ein Desaster.

Ein riesen Desaster! Vicky, die wusste, dass ich meine Cupcakes nur im schlimmsten Notfall backte, kam vorsichtig ins Wohnzimmer geschlichen. Ich war erst vor einer halben Stunde fertig geworden und hatte so etwa siebzig Törtchen gebacken – genügend, um mir über die nächsten Tage ein paar hübsche Extrapfunde anzufuttern.

Die süßen Dickmacher stapelten alle auf dem Küchentresen und verteilten einen penetranten Zuckergeruch, von dem mir fast schlecht wurde.

Vielleicht, dachte ich und blickte auf meinen leeren Teller herab, war mir aber auch einfach nur schlecht, weil ich gerade meinen dritten Cupcakes verputzte.

»Wie schlimm ist es?«, fragte sie und nahm sich ein Törtchen. Ich erzählte ihr alles, angefangen vom Kuss über das heiße Techtelmechtel im Bad, bis hin zu meinem Heulanfall und ich musste wirklich Vicky zugute halten, dass sie kein einziges Mal lachte.

»Tja«, sagte sie schließlich und ließ sich ins Sofa zurücksinken.

»Tja?«, fragte ich enttäuscht.

»Mehr fällt dir dazu nicht ein?«

»Glaub mir, bei dir kommt jede Hilfe zu spät.« Ich zog eine Grimasse und schlug mit einem Kissen nach ihr, insgeheim war ich jedoch enttäuscht. Vicky hatte so viel Erfahrung mit Männern, dass sie bisher immer einen weisen Rat parat gehabt hatte. Doch bei Jason schien selbst sie an ihre Grenzen zu stoßen. Nachdem sie den zweiten Cupcake verputzt hatte, fiel ihr dann aber doch etwas ein.

»Hey, geh doch mit Taylor aus«, schlug sie vor.

»Ich weiß nicht. Wäre das jetzt nicht etwas unpassend?«, druckste ich herum.

»Hallohoo! Du tust ja so, als würde das Jason verletzen. Nur weil ihr euch geküsst habt, heißt das nicht, dass du dich nicht mehr mit anderen Männern treffen darfst. Jason ist nicht dein Freund und er hat deutlich gemacht, dass er nicht an dir interessiert ist – zumindest nicht so. Und Taylor wird dich auf andere Gedanken bringen.« Ich zuckte unschlüssig die Schultern.

»Schon, aber ich will Taylor nicht daten, nur um mich abzulenken.«

»Tust du ja auch nicht. Ihr hattet euch doch schon vorher verabredet – wenn auch auf unbestimmte Zeit.« Stimmt. Vicky sah mich von der Seite an, dann fragte sie:

»Sag mal, du willst doch nichts von Jason, oder?« Ich sah sie schockiert an und wollte schon verneinen, doch dann kehrte die Erkenntnis, wie schon am Vorabend, schlagartig zu mir zurück. Ich war vielleicht nicht in ihn verliebt, dafür sorgte seine stets arrogante und einschüchternde Haltung, aber er hatte es mir definitiv angetan. Ich würde mich belügen, wenn ich das bestritt und ich würde meine beste Freundin belügen. Auf mein Schweigen hin sagte sie:

»Aber du kriegst ihn nicht mehr aus dem Kopf, hm?« Ich nahm einen Schluck Kaffee, nur um festzustellen, dass er schon kalt war.

»Nein, irgendwie nicht.« Vickys Gesichtsausdruck nach hatte sie genau das befürchtet.

»Geh mit Taylor aus«, riet sie mir noch einmal.

»Er wird dir auf jeden Fall guttun.« Der Meinung war ich auch, also kam ich ihrem Ratschlag nach. Doch leider erwischte ich Taylor in einem denkbar schlechten Zeitpunkt, denn er befand sich mitten in den Vorbereitungen für ein Zusatzspiel. Schweren Herzens vertröstete er mich um einige Tage und hey, ich konnte das verstehen. Schon als ich ihn zum ersten Mal spielen gesehen habe, wusste ich, dass der Sport nicht nur ein Hobby, sondern sein Leben war.

Und dafür hatte ich vollstes Verständnis, enttäuscht war ich dennoch ein bisschen, denn so blieb mir nichts anderes übrig, als mich bis dahin mit mir selbst zu beschäftigen.

Glücklicherweise kam mir Jason entgegen, indem er weder ein Wort darüber verlor oder sich sonstwie blicken ließ. Es war fast, als meide er mich seitdem, denn mir fiel auf, dass er länger in der Uni blieb als gewöhnlich und auch sonst erst ziemlich spät nach Hause kam.

So verging eine ereignislose Woche, in der ich mich wieder voll und ganz aufs Lernen konzentrieren konnte.

Und außer Jasons fortwährende Höflichkeit, erinnerte bald nichts mehr an unseren peinlichen Vorfall.

Kapitel 27

Die Tage wurden wärmer und auch wenn der Sommer erst in ein paar Wochen hereinbrechen würde, kam schon an einigen Tagen angenehm warme Luft herüber. Es war zwar noch kein Badewetter, aber man konnte teilweise schon ohne Jacke rausgehen, weswegen ich an einem Mittwochvormittag beschloss, zum Strand zu laufen.

Seit ich hierhergezogen war, hatte ich von einem einsamen Picknick am Wasser geträumt – nur ich und meine Bücher. Und da sich morgen schon wieder heftiger Regenschauer und Unwetter ankündigten, wollte ich die heutige Sonne unbedingt ausnutzen.

Ich kramte meine alte Strandtasche aus dem Schrank, packte eine große Wasserflasche, zwei Äpfel, ein Handtuch und mein Lieblingsbuch ein und verließ behaglich pfeifend das Haus. Wenn ich nicht so ein Sportmuffel gewesen wäre, hätte ich in einer Stunde zum Strand schlendern können. Da ich anschließend aber noch eine halbe Stunde durch den

Wald laufen musste, wollte ich mir die Zeit sparen, indem ich mit dem Bus fuhr. Also machte ich mich vollgepackt zur Haltestelle auf und war froh, dass ich nicht lange auf den Bus warten musste. Die Fahrt über hörte ich Musik und schaute verträumt aus dem Fenster, wobei ich meinen Blick über die wunderschöne grüne Landschaft gleiten ließ. Dann war ich auch schon da. Weil dieser Teil des Strandes keine öffentliche Badestelle war, gab es auch keinen befestigten Weg, der dorthin führte.

Deshalb hielt ich mich an die Abzweigung, durch die mich Vicky einmal geführt hatte. Damals war es zwar stockdunkel gewesen, aber wenn ich von hier aus geradeaus lief, müsste ich direkt am Strand rauskommen. So schwer konnte das ja nicht sein.

Also machte ich mich auf den Weg und genoss das Knacken der Zweige unter meinen Sohlen, den warmen, fast penetranten Geruch von Laub und das Rascheln der Blätter, wenn ein Windstoß aufkam.

Ja, genau so hatte ich mir meinen einsamen Spaziergang vorgestellt. Eine knappe halbe Stunde später lag ich alle Viere von mir gestreckt auf dem Handtuch und lächelte zum Himmel auf. Ein leichter Wind kitzelte mein Gesicht und brachte kühle Luft vom Wasser mit. Die Temperaturen waren aber eher angenehm als kalt und für den Fall, dass es mir doch zu kühl wurde, hatte ich mir extra eine Strickjacke eingepackt.

Nachdem ich eine Weile in den Himmel gestarrt und Wolkenraten gespielt hatte, knabberte ich genüsslich an meinem Apfel. Was davon übrig blieb, warf ich einem Entenpärchen zu, das sich gierig darauf stürzte. Dann holte ich Romeo und Julia hervor, legte mich auf den Bauch und begann zu lesen. Ich kannte das Buch in und auswendig, ich konnte sogar ganze Szenen wiedergeben und auch wenn es viele für überspitzt und lediglich Unterhaltung hielten, ich glaubte an diese Liebe.

Ich glaubte daran, dass man sich vom ersten Moment an in eine Person verlieben konnte, dass man nie zu müde ist, jede einzelne Sekunde mit ihr zu teilen, dass jede Berührung schon fast qualvoll vor Liebe und Sehnsucht war, dass man lieber sterben würde, als ohne sie zu sein.

Ich hatte meine große Liebe zwar noch nicht gefunden - sondern nur einen

Exfreund namens Denny, der mich ins Bett gelockt, betrogen und dann abblitzen lassen hat-, aber ich war fest der Überzeugung, dass sie irgendwo da draußen war.

Als ich das Buch ausgelesen hatte, legte ich mich auf den Bauch, um zu entspannen und driftete unbeabsichtigt ins Land der Träume ab.

***

Ich blinzelte, als mir etwas Nasses aufs Gesicht platschte und noch bevor ich ganz wach war, wusste ich, dass ich eingeschlafen war.

»Mist«, murmelte ich und schreckte hoch, da platschte der nächste Regentropfen auf mein Gesicht.

»Das darf doch wohl nicht wahr sein!« Ich betrachtete den trüben Himmel, der von Sekunde zu Sekunde dunkler wurde und rappelte mich auf. Wie konnte das passieren? Wie hatte ich nur so lange schlafen können? Ich schüttelte das Handtuch aus und faltete es eilig zusammen, wobei ich noch einen Blick zum Himmel warf. In ein paar Minuten würde es stockdunkel sein und ich musste noch zwanzig Minuten durch den Wald laufen. Außerdem würde es jeden Moment regnen, denn die Abstände, in denen die Tropfen aufschlugen, wurden immer kürzer. Das konnte doch wieder nur mir passieren!, meckerte ich stumm. Ich zog die Strickjacke über, weil es frisch geworden war und warf die Tasche über meine Schulter, dann marschierte ich Richtung Wald.

Sieht verdammt gruselig aus, dachte ich mir, als ich vor dem Waldrand stand und auf die Bäume blickte. Ich hatte keine Angst vor der Dunkelheit, aber alleine durch einen stockdunklen Wald zu laufen, rief ungewollte Horrorszenen in mir wach. Vielleicht schaffe ich es ja noch, bevor es vollkommen dunkel wird, redete ich mir ein und lief mutig los.

Doch je tiefer ich hineinlief, desto dunkler wurde es. Es kam mir vor, als rückten die Bäume absichtlich zusammen, um auch ja kein Licht zu mir durchzulassen und mir den Heimweg zu erschweren. Ich fühlte mich wie in *Snow White and the Huntsman*. Als würde ich einen bedrohlichen Wald durchforsten, der alles daran setzen wollte, dass ich nie wieder hinausfand. Wenig später war es dann soweit, es war stockdunkel. Wobei es mir so vorkam, als hätte man plötzlich das Licht ausgeknipst. War es nicht gerade noch hell gewesen?

»Verdammt«, flüsterte ich und holte mein Handy hervor. Warum musste sowas eigentlich immer mir passieren? Ich rief Vicky an, damit sie mich wenigstens von der Bushaltestelle abholte, so spät fuhr der Bus nämlich nur noch stündlich.

Doch wie üblich ging Vicky auch diesmal nicht ran.

»Oh bitte. Tu mir das nicht an, Vic. Geh ran. Geh ran.« Doch so lange ich das Telefon auch klingeln ließ, sie nahm nicht ab. Also lief ich weiter, das Handy vor mich herhaltend, als wäre es eine Taschenlampe. Nach fünf weiteren Minuten stand ich allerdings kurz vor einer Panikattacke. *Das kenne ich nicht, hier war ich noch nie*, dachte ich panisch. Wäre ich auf dem richtigen Weg gewesen, hätte ich doch schon längst die kleine Lichtung mit den Baumstümpfen erreichen müssen. Aber wo ich auch hinsah, ich erblickte nur Bäume und Finsternis. Als ich mir einbildete, einen Ast knacken zu hören, drohte mein Herz stehen zu blieben.

»Nein«, sagte ich kopfschüttelnd und ging weiter.

»Nur Einbildung, alles nur Einbildung«, sprach ich zu mir selbst und wählte erneut Vickys Nummer. Sie war hier schon oft gewesen und kannte den Wald besser als ihre Westentasche. Sie konnte mir helfen. Doch auch beim zehnten Klingeln ging sie nicht ran.

»Arghh«, rief ich frustriert und hätte das Handy am liebsten gegen den nächsten Baum geworfen. Dann würde ich allerdings wirklich im Dunkeln tappen und da mir mein Geist jetzt schon finstere Gestalten vorgaukelte, wollte ich nicht auch noch auf meine Lichtquelle verzichten.

Das Problem war nur, dass ich nicht einfach geradeaus weitergehen konnte, weil die Straße mit der Bushaltestelle endete und wieder zurückführte. Wenn ich also zu weit rechts lief, würde ich einfach weiter in den Wald hineinlaufen, der sich, ganz nebenbei bemerkt, um mehrere Kilometer erstreckte.

Lief ich jedoch zu weit links, käme die nächste Haltestelle ebenfalls erst in einigen Kilometern Entfernung. So oder so, ich musste die Haltestelle finden.

Als ein ohrenbetäubender Knall über mir erklang, fuhr ich kreischend zusammen. In der nächsten Sekunde schüttete es wie aus Eimern.

»Na klar. Ein Wolkenbruch. Ausgerechnet jetzt. Warum auch nicht«, rief ich verärgert und marschierte weiter. Doch damit nicht genug, denn kaum war ich weitergelaufen, fing es auch noch zu blitzen und zu donnern an und der Himmel entlud sich heftiger denn je über mir. Ich war binnen einer Minute vollkommen durchnässt und hätte heulen können über so viel Pech. Ich wollte doch nur ein gemütliches Picknick machen, dachte ich verzweifelt und setzte meinen Weg fort.

Der Regen erschwerte meine Sicht, weil ich mir alle Sekunden über die Augen wischen musste, um überhaupt etwas zu erkennen, hinzu kam peitschender und beißend kalter Wind, der mich ebenfalls behinderte. Panisch dachte ich an die Wettervorhersage heute Morgen.

Dort hatte man schwere Unwetter vorhergesagt, allerdings erst für morgen, nicht heute. Konnte man sich denn auf niemanden mehr verlassen? Zehn weitere Minuten, ich hätte schon längst die

Bushaltestelle erreichen müssen, wendete sich auch noch der Waldboden gegen mich, der von dem schüttenden Regen aufweichte und heimtückische Schlammlöcher für mich parat hielt. Und so stolperte ich über Wurzeln, rutschte auf nassen Blättern aus und blieb mit meinem Rucksack sogar an Ästen hängen.

»Gib. Ihn. Her!«, rief ich wütend und verzweifelt zugleich und entriss ihm die Tasche mit solcher Wucht, dass ich nach hinten und in ein großes Schlammloch fiel. Als ich mich aufgerappelt hatte, lachte ich aus vollen Hals und hätte mich irgendjemand beobachtet, hätte er mich zweifellos für verrückt gehalten. Doch ich war wütend, verängstigt und ich glaube, ich stand sogar etwas unter Schock, denn ein Ende meines Dilemmas war nicht in Sicht. Der Regen wurde immer stärker, der Wind immer aggressiver und auch das Donnergrollen schien immer näher zu kommen.

Den Oberkörper von Schlamm besudelt, zog ich meine Sweatjacke aus und stopfte sie in den Rucksack. Dann wischte ich mit Hilfe des Regens den Dreck von meinem Körper und marschierte weiter. Irgendwann, ich hatte jegliches Zeitgefühl verloren, stolperte ich über eine weitere Wurzel und blieb liegen. Ich konnte nicht mehr.

Meine Glieder waren eingefroren, mein Kopf dröhnte und meine Knie waren schon ganz wund vom ständigen Hinfallen. Außerdem zehrte es ungemein an der Energie, über kleine Hügel, große Pfützen und Wurzeln zu steigen. Und auch wenn ich überhaupt nicht der Typ dazu war und nur schwer zu Tränen gerührt werden konnte, konnte ich diese nicht länger zurückhalten. Ich weinte allerdings mehr aus Verzweiflung und Wut, statt aus Angst.

Vergeblich versuchte ich mich an die Stelle zu erinnern, an der Jason sein Auto geparkt hatte und welchen Schleichweg wir damals genommen hatten, um aus den Wald zu kommen. Aber natürlich, Jason! Wie vom Blitz getroffen erinnerte ich mich daran, dass ich ja seine Nummer eingespeichert hatte. Ihn konnte ich anrufen. Gott, warum war ich nicht früher darauf gekommen?

Nun, die Antwort darauf kannte ich nur allzu gut. Denn seit ich mich Jason an den Hals geschmissen hatte, ging er mir weitestgehend aus dem Weg. Ich sah es in seinen Augen. Es hatte sich eine Kluft zwischen uns aufgetan, die nicht einmal Vicky, so sehr sie sich auch in den letzten Tagen bemüht hatte, schließen konnte. Es war nicht so, dass er mich ignorierte oder gar unfreundlich war, im Gegenteil.

Er war nett, höflich, hatte aber an Witz verloren und gab auch keine anzüglichen Kommentare mehr von sich.

Und so schwer es auch war, zuzugeben, aber irgendwie vermisste ich seine alte Art. Er hatte mich zwar stets auf die Palme getrieben und ganz neue Hassseiten in mir geweckt, aber er hatte mich auch unterhalten und meinem langweiligen Leben etwas Abwechslung gegeben. *Jetzt* behandelte er mich wie die nette, aber vollkommen uninteressante Cousine seiner besten Freundin und das tat weh. Mann, sollte ich vielleicht auch zugeben, dass es nicht nur seine Art, sondern auch seine anziehenden Augen waren, die ich vermisste?

Ich hatte es versucht zu verdrängen, doch in den letzten Tagen hatte ich immer wieder von seinem verwegenen Lächeln geträumt, das er stets aufsetzte, wenn er an anzügliche Dinge dachte oder mich ärgern wollte.

Ach was soll's. Ich war hier mitten im Nirgendwo und nur Gott allein konnte mich hören, also ja, zum Teufel. Ja, ich vermisste sein geheimnisvolles Lächeln und seine verdammt nervige, aber irgendwo auch verführerische Art. Ich rappelte mich in eine sitzende Position und durchforstete mein Handy nach Jasons Nummer.

Ich hatte in der letzten Woche einige Anrufe getätigt, doch keine davon war eine mir unbekannte Nummer gewesen, so dass ich ihn schnell fand.

»Bitte geh ran. Bitte geh ran«, flehte ich, als das Handy tutete. Und tatsächlich, nach dem zweiten Klingeln meldete er sich zu Wort.

»Claire, was gibt's?« Interessant. Hatte er nicht gesagt, er hätte meine Nummer verschlampt? »Jason, ich brauche deine ...« Ein lautes Donnergrollen verschluckte mein letztes Wort.

»Was?«, rief er über das tosende Wetter hinweg. Als ich antworten wollte, donnerte es erneut.

»Wo bist du?«, rief er.

»Im Wald, am Strand.« Es war kurz still und ich dachte schon, die Verbindung wäre abgebrochen, dann fragte er:

»Bei dem Wetter? Was machst du da?«

»Bitte, Jason. Ich hab mich verlaufen und irre hier im Wald umher.« Jetzt, wo ich es aussprach, stiegen mir aus unerfindlichen Gründen wieder Tränen in die Augen. Gott, verdammt! Warum flennte ich in letzter Zeit bloß so oft?

»Okay«, sagte er ruhig.

»Schalte dein GPS ein, dann kann ich dich orten. Ich mach, so schnell ich kann.« Ich tat es und nachdem er aufgelegt hatte, lehnte ich mich an einen Baumstamm, schlang die Arme um meinen zitternden Körper und wartete.

Kapitel 28

»Claire«, hörte ich jemanden rufen. War das ein Traum? Einbildung? Ich öffnete meine Augen, die ich im Glauben, von dunklen Schatten beobachtet zu werden, geschlossen hatte und blinzelte in den Regen hinein. Er war nicht weniger geworden und schüttete immer noch wie aus Eimern.

»Claire«, erklang die Stimme erneut, da wusste ich, dass es keine Einbildung war.

»Hier«, krächzte ich und erschrak über meine kratzige Stimme. Dann stand er vor mir, mein dunkler Retter.

»Gott, Claire, du siehst ja schrecklich aus«, begrüßte er mich und ließ sich vor mir in die Hocke. Mit einer Hand zwang er mein Kinn nach oben, so dass ich ihm in die Augen sehen musste. Tief und schwarz, so wie der Wald. Als er meine Haut berührte, zuckte er zurück.

»Verdammt, du bist ja der reinste Eiszapfen.« Er schälte sich aus seiner Lederjacke und legte sie mir um die

Schultern. Ich schloss die Augen, als mich der warme Stoff umhüllte.

»Kannst du aufstehen?«, fragte er und nahm meine Hand. Offenbar zögerte ich ihm zu lange, denn kaum, dass ich

»Weiß nicht« gemurmelt hatte, stand ich auch schon auf den Beinen. Taub, wie sie vor Kälte waren, spürte ich sie allerdings nicht und ich musste mich an seine Arme klammern, um aufrecht stehen zu können.

»Ich glaube nicht, dass ich laufen kann«, sagte ich zähneklappernd und betrachtete meine zitternden Beine.

»Dann trage ich dich.« Damit schwang er sich meine Tasche um die Schultern und legte mir einen Arm unter die Kniebeuge.

»Äh was? Warte«, protestierte ich, doch da lag ich schon in seinen Armen. Ich wäre am liebsten im Erdboden versunken.

»Lass mich runter«, verlangte ich peinlich berührt und hätte ich gekonnt, hätte ich zur Untermalung mit den Füßen gestrampelt. Es war einfach nicht richtig, in seinen Armen zu liegen, nicht nachdem, was passiert war und wie er sich in letzter Zeit verhielt.

»Keine Chance. Du bist vollkommen durchgefroren und das Wetter wird auch nicht besser. Wenn du also schnell von hier weg willst, dann lass mich dich tragen. Mein Auto ist gleich da vorne.« Damit setzte er sich in Bewegung und auch wenn er Recht hatte, war es dennoch beschämend unangenehm, in seinen Armen zu liegen. Ich meine, war ich ihm in letzter Zeit nicht nahe genug gekommen?

Ich hatte mir doch vorgenommen, ihn von jetzt an genauso zu meiden, wie er mich und was tat ich? Lag wenige Tage später schon wieder in seinen Armen. Was stimmte denn nicht mit mir? Ich schielte zu ihm auf und betrachtete sein Seitenprofil, das meinem so nahe war. Ich hätte mich nur nach vorne beugen müssen, um sein Gesicht zu berühren.

Mein Blick wanderte von seinen geschwungenen Lippen zu seinen ausgeprägten Kiefermuskeln, die sich vor Anstrengung anspannten.

Er musste merken, dass ich ihn anstarrte, so auffällig wie ich es tat, doch er konzentrierte sich nur auf unsere Umgebung. Plötzlich wurde ich mir seiner starken Arme unter meinen Schenkeln und seiner Bauchmuskeln nur allzu bewusst, die sich mit jedem Schritt an meiner Seite rieben. Und als ich auch noch sein mildes

Parfüm wahrnahm, verspürte ich aus unerfindlichen Gründen ein warmes Kribbeln in mir aufsteigen. Das war nicht richtig. Ich sollte ihm nicht so nahe sein, ich sollte das nicht fühlen!

»Ich will runter«, sagte ich und machte Anstalten, mich aus seinen Armen zu befreien, doch er verstärkte seinen Griff nur noch.

»Was soll der Unsinn? Wir sind doch gleich da«, protestierte er. Dadurch, dass er seinen Kopf zu mir gedreht hatte, schlug mir sein minzeartiger Atem entgegen, was mein Herz nur noch höher schlagen ließ.

»Lass mich runter!«, verlangte ich und begann zu strampeln. Ein Glück, dass ich meine Beine wieder einigermaßen bewegen konnte, denn so blieb ihm nichts anderes übrig, als mich abzustellen.

»Kannst du überhaupt wieder laufen?«, fragte er und beobachtete, wie ich auf wackeligen Beinen stehen blieb. Doch es war mir egal, ob ich laufen konnte oder nicht. Ich würde auch zum Auto kriechen, wenn nötig, Hauptsache, ich musste nicht länger in seinen Armen liegen. Gott, das durfte nicht passieren. Nur weil er einmal nett zu mir gewesen war, durfte ich nicht

... durfte ich mich nicht ... Ich schüttelte den Kopf und setzte mich in Bewegung.

»Siehst du. Ich kann's wieder«, sagte ich und fing mein eigenes Straucheln mit einem Ausfallschritt ab.

»Das sehe ich«, hörte ich ihn murmeln, als wir endlich das Auto erreichten. Jason holte seinen Autoschlüssel hervor und entriegelte die Türen und als ich Anstalten machte, mich aus seiner Jacke zu schälen, hielt er mich zurück.

»Behalte sie. Du brauchst sie dringender als ich«, sagte er und öffnete mir die Beifahrertür. »Danke«, murmelte ich, machte aber keine Anstalten, in das Auto zu steigen.

»Willst du etwa noch ein bisschen das Wetter genießen?«, fragte er sarkastisch.

»Ich bin pitschnass. Ich kann doch nicht so ins Auto.« Daraufhin verdrehte er die Augen und drängte mich kommentarlos ins Wageninnere. Als ich saß, wollte ich nach dem Gurt greifen und ihn mir umschnallen, doch weil meine Hände immer noch taub vor Kälte waren, bekam ich ihn nicht zum Greifen. Jason bemerkte meine Misere und griff kurzerhand um mich herum. Dadurch kam er mir mit dem Gesicht gefährlich nahe und ich lehnte mich unauffällig in den Sitz zurück, damit er mich nicht berührte. So unauffällig schien das dann aber doch nicht gewesen zu sein, denn seine Mundwinkel zuckten leicht, als er den Gurt über meinen Körper zog und ihn in der Vorrichtung versenkte. Wow, da war es wieder. Ein schwacher Abglanz von dem Lächeln, das ich so an ihm vermisste.

Dann war es wieder vorbei und er warf meine Tür zu. Als er auf der Fahrerseite eingestiegen war, schaltete er die Klimaanlage ein und gab Gas.

»Also, was hat dich geritten, bei diesem Wetter im Wald spazieren zu gehen?«

»Ich habe ein Picknick am Strand gemacht und bin eingeschlafen. Und als ich aufgewacht bin, fing auch schon das Unwetter an.«

»Du hast alleine gepicknickt?«, fragte er stutzig.

»Nicht ganz. Romeo und Julia waren bei mir«, antwortete ich mit klappernden Zähnen, was ihm ein Lächeln entlockte.

»Ich fürchte, das Buch ist hinüber«, sagte er und klang ehrlich bedauernd. Es herrschte eine Weile Stille, dann fragte er:

»Warum hast du mich angerufen?« Die Frage überraschte mich.

»Naja, Vicky ist nicht rangegangen und ... du bist der Einzige aus der Gegend, dessen Nummer ich habe.« Moment, das stimmte nicht. Denn nun fiel mir voller Unbehagen ein, dass ich ja auch Taylors Nummer besaß. Verdammt, warum hatte ich ihn nicht angerufen? Mit ihm wollte ich mich doch treffen.

Er war doch mein Traummann, er war derjenige, der immer nett zu mir gewesen war und in der ganzen Zeit war er mir nicht einmal in den Sinn gekommen. Was sagte das jetzt über mich aus?

»Und? Geht's dir langsam besser?«, unterbrach Jason meine Gedanken. Ich bewegte versuchshalber meine Finger und registrierte, dass das taube Gefühl allmählich nachließ.«

»Es wird langsam«, antwortete ich und starrte aus dem Fenster.

»Du solltest ein heißes Bad nehmen, um dich aufzuwärmen. So unterkühlt wie du bist, wirst du morgen sonst krank sein«, riet er. Da hatte er Recht. Obwohl ich glaubte, dass in der Hinsicht bereits jede Hilfe zu spät kam. Ich war schon weniger extremen Bedingungen ausgesetzt gewesen und am nächsten Tag krank geworden. Ich konnte also nur hoffen, dass sich der

Schaden in Grenzen hielt. Die restliche Fahrt verbrachte ich damit, schweigend aus dem Fenster zu starren und wirren Gedanken hinterherzuhängen. Jason versuchte mich noch ein, zweimal in ein Gespräch zu verwickeln, doch ich war zu durcheinander, um darauf einzugehen. Außerdem beschlich mich das vage Gefühl, dass er sich nur aus Mitleid darum bemühte. Mitleid, weil er mich für einen weiteren, seiner verknallten Groupies halten musste.

Gott, was, wenn er dachte, ich hätte mich nur in diese Situation gebracht, damit er mich abholen und sich um mich kümmern musste? Und wie konnte ich ihn nur jemals davon überzeugen, dass ich nicht wegen des Kusses geweint hatte?

Jason fuhr gerade den Wagen in die Einfahrt, als sich Vickys Auto zu uns gesellte und direkt hinter uns einfuhr. Na sieh mal einer an! Als wir ausgestiegen waren, kam Vicky um den Wagen herum und musterte uns verwirrt.

»Was ist denn mit dir passiert?«, fragte sie und betrachtete meine schlammbesudelten Klamotten und Jasons Jacke, die um meine Schultern hing.

»Das hätte ich dir sagen können, wenn du an dein verdammtes Handy rangegangen wärst«, fauchte ich und schloss die Wohnungstür auf. Ich wollte keine Sekunde länger im Regen stehen.

»Tut mir leid, ich hatte es auf lautlos gestellt«, entschuldigte sie sich. Jason kam mir hinterher und sagte:

»Nimm's nicht persönlich, Claire. Ich kenne Vicky seit drei Jahren und die Male, die sie rangegangen ist, kann ich dir an einer Hand abzählen.« Ich stockte. War das gerade lustig gemeint? Machte er jetzt wieder Scherze? Ich drehte mich überrascht zu ihm um, doch seine Miene war wieder verschlossen.

Es war fast, als sei er sich seines Satzes erst im Nachhinein bewusst geworden und als verstecke er sich nun wieder hinter seiner gleichgültigen Maskerade. Als wir alle in der Wohnung waren, bat ich Vicky, mir ein paar Handtücher zu holen und schälte mich aus Jasons Jacke. Sie nickte und eilte davon.

»Danke, dass du mich abgeholt hast«, sagte ich und gab sie ihm zurück. Er zögerte, zögerte tatsächlich, was er dazu sagen könnte und presste dann ein

»Gern geschehen« hervor. Gern geschehen? *Gern geschehen!?* Noch vor ein paar Wochen wäre er um ein *Immer wieder gerne, Rotschopf*, oder *war mir ein Vergnügen* nicht verlegen gewesen, aber das, das gab mir den Rest. Ich presste die Lippen zusammen und lief ohne ein weiteres Wort die Treppe hinauf. Vicky, die gerade mit den Handtüchern aus dem Bad kam und verwirrt neben Jason stehen blieb, ignorierte ich. Alles klar. Er wollte sich also gleichgültig geben? Das konnte ich auch!

***

Und wie ich das konnte. Ich war die Königin im Gleichgültigsein. Ich hätte sogar einen Oscar für meine schauspielerische Einlage bekommen müssen, denn nichts konnte ich besser, als verletzte Gefühle verstecken.

Eigentlich war es recht beängstigend, denn je beschissener ich mich fühlte, desto besser überspielte ich es. Als ich eines Tages fröhlich pfeifend in die Küche gehopst kam, wurde es Vicky allerdings zu bunt.

»Sag mal, willst du mich eigentlich verarschen?«, fragte sie und nahm mir den Pudding aus der Hand, den ich mir gerade aus dem Kühlschrank genommen hatte. Das Lächeln gefror mir auf den Lippen.

»Was denn?«, fragte ich schulterzuckend. Sie kniff die Augen zusammen.

»Vor Jason kannst du gerne die Unbekümmerte spielen, aber versuch mich nicht auch für dumm zu verkaufen.«

»Ich weiß nicht, was du meinst«, sagte ich mit unbewegter Miene und entriss ihr die Packung.

»Zufälligerweise bin ich ebenfalls eine Frau. Ich weiß also, was du hier für ein Spiel spielst, ich habe es selbst unzählige Male gespielt«, damit entriss sie mir den Pudding wieder. Ich sah sie noch einen Moment böse an, dann öffnete ich den Kühlschrank, nahm mir einen neuen raus und setzte mich ins Wohnzimmer.

»Und was schlägst du vor?«

»So wie ich das sehe, stört es dich gewaltig, wie Jason sich in letzter Zeit verhält«, begann sie. »Also musst du zusehen, dass er wieder der Alte wird. Das wird er aber nicht, wenn er weiterhin denkt, dass du in ihn verschossen bist. Offenbar glaubt er, dass er dich mit seiner Zurückweisung tief verletzt hat.« *Wenn du wüsstest, wie recht er doch mit seiner Vermutung liegt.*

»Und wie die meisten Männer nun einmal sind, kann auch er offenbar überhaupt nicht mit verletzten Frauen umgehen, also versucht er die Situation und damit dich zu meiden.«

»Ich hab immer noch keinen Lösungsvorschlag gehört. Was soll ich dagegen machen?«, fragte ich ungeduldig. Sie sah mich an, als hätte ich etwas absolut Dummes gefragt.

»Na, mit ihm reden, Süße.« Ich sah sie mit großen Augen an.

»Auf keinen Fall. Ich … nein, das mache ich nicht.«

»Warum nicht?«, fragte sie, belustigt über meine Reaktion. Tja, warum eigentlich nicht? Wenn mir Jason so egal war, konnte ich die Sache doch ein für alle Mal klären. Ich würde zu ihm gehen, klarstellen, dass ich betrunken gewesen war und absolut nichts für ihn empfand und er sich wieder normal verhalten konnte. Doch allein die Vorstellung, ihm gegenüber zu treten und die Sache anzusprechen, bereitete mir ein nervöses Kribbeln im Bauch. Ich grübelte noch eine Weile vor mich hin und Vicky ließ mir alle Zeit der Welt, dann fasste ich all meinen Mut zusammen und sagte:

»Bin ich eine dieser naiven Frauen, die sich in den falschen Typen vergucken, obwohl sie insgeheim wissen, dass es kein gutes Ende nehmen kann?« Das war das erste Mal, dass ich es laut aussprach. Ja, ich hatte mich in Jason verguckt. Und nein, ich hatte ihn nicht nur im Alkoholrausch küssen wollen. Vicky lächelte mich warmherzig an und schüttelte den Kopf.

»Claire. Du bist die un-naivste Frau, die ich kenne. Sieh mal: Taylor wäre der perfekte Freund für dich. Er schätzt dich, kann für dich sorgen, ist anständig und absolut ehrlich – glaub mir, ich kenne ihn. Aber Jason geht dir einfach unter die Haut und niemand macht dir deswegen Vorwürfe.« *Doch, ich mir selbst.*

»Er hebt Eigenschaften und Gefühle in dir hervor, von denen du nicht einmal geahnt hast, dass sie überhaupt in dir schlummern. Ich schwöre, ich hab dich selten so lebendig gesehen wie in den letzten Wochen – auch wenn du dich die meiste Zeit davon über Jason geärgert hast.« Wir lachten beide.

»Er macht dein Leben erst aufregend, seine chronische Bindungsstörung macht ihn allerdings nicht gerade zum potentiellen Traummann.

Deshalb solltest du erst herausfinden, ob es zwischen Taylor und dir funkt und wenn es so ist, wirst du Jason ganz schnell vergessen.« Das hoffte ich. Gott, ich hoffte es so sehr.

Kapitel 30

Fünf Tage später war es dann soweit und ich machte mich für mein Date fertig.

»Gott, ich bin ja so aufgeregt«, flüsterte ich überdreht.

»Ich meine, ich hatte *wann* mein letztes Date gehabt? 1870?«, überlegte ich maßlos übertrieben.

»Jetzt halt verdammt nochmal still«, ermahnte mich Vicky, während sie mir sexy Locken ins Haar wickelte. Doch ich war einfach zu aufgedreht, um lange auf einem Fleck stehen zu können. Als sie mich dann endlich freigab und ich in den Spiegel sah, fiel ich aus allen Wolken. Das konnte unmöglich ich sein. Hatte sie mir ein Supermodel vor die Nase gesetzt, das meine Bewegungen imitierte?

Ich war erstaunt, was eine kleine Menge MakeUp schon anrichten konnte. Ein bisschen Rouge hier, ein bisschen Wimperntusche da und ich erkannte mich kaum wieder. Ich konnte mir ein überschwängliches Grinsen nicht verkneifen, denn das erste Mal in meinem Leben fand ich mich wunderschön.

»Da staunst du, was?«, fragte Vicky selbstzufrieden, während ich mich im Spiegel begutachtete.

»Jetzt fehlt nur noch das knallrote Cocktailkleid und hohe Schuhe, dann sind wir fertig.« Das Cocktailkleid hatte ich mir vor zwei Tagen selbst gekauft, nur die Schuhe borgte ich von Vicky aus.

»Geht's eigentlich noch höher?«, blaffte ich, als ich ihre halsbrecherischen High Heels angezogen hatte und vor dem Spiegel posierte.

»Je höher, desto attraktiver«, gab sie augenzwinkernd zurück, suchte aber nach weniger hohem Ersatz.

»Ich weiß nicht, ob Taylor es attraktiv finden würde, wenn ich ihm damit in die Arme stolpere«, erwiderte ich spöttisch und tauschte die High Heels gegen schwarze Pumps. Oh ja, schon viel besser. Zum Kleid zog ich noch eine schwarze Baumwolljacke über, dann warf ich mir die Handtasche um und verabschiedete mich.

»Viel Glück«, wünschte sie mir, dann war ich weg. Taylor und ich trafen uns vor einem schicken Restaurant, das schon von außen nur so vor Wohlstand strotzte. Einmal abgesehen davon, dass ich in einer Edelboutique arbeitete, mochte ich es eigentlich überhaupt nicht, in solchen Edelschuppen zu verkehren – oder anders gesagt, ich war es nicht gewohnt. Ich fühlte mich dann immer so schäbig und beklemmt und alles andere als fein. Während mir das Restaurant also *mittellose Studenten namens Claire draußen bleiben* zurief, trat ich tapfer ein.

Taylor dagegen machte den Eindruck, als würde er jeden Tag zum Mittagessen herkommen. Er trug einen schwarzen Wollkragenpullover, der sich um seine athletische Figur legte wie eine zweite Haut und seine Vorzüge reichlich betonte, dazu eine schwarze Jeans und Daunenjacke. *Er sieht aus wie Jason*, schoss es mir durch den Kopf, als ich seinen dunklen Aufzug betrachtete.

Doch im selben Gedankengang tadelte ich mich dafür, ausgerechnet *jetzt* an ihn zu denken. Ich war mit Taylor hier, verdammt, ich hatte ein Date! Ganz Gentleman nahm mir Taylor die Jacke ab und führte mich an meinen Platz.

Ich ließ mich auf den Stuhl sinken und unterdrückte ein breites Grinsen.

Was für ein Gentleman! Als er mir gegenüber Platz genommen hatte und mir kurz zulächelte, machte mein Herz einen nervösen Hüpfer. Ja, ich fühlte mich definitiv zu ihm hingezogen und ja, ich würde den Abend genießen und an niemand anderen mehr als Taylor denken. Das Restaurant war nicht sonderlich voll, was vermutlich daran lag, dass wir Dienstagabend hatten.

Doch mich störte das nicht. Je weniger Gäste um ums herum saßen, desto unbeobachteter würde ich mich später beim Essen fühlen.

»Du siehst irgendwie angespannt aus«, bemerkte er, als auch schon ein Kellner herbeikam und uns die Karten brachte. Ich wartete, bis er von dannen gezogen war, dann sagte ich:

»Tja, weißt du, ich bin eher der Pizzabudentyp. Poliertes Besteck und zugeknöpfte Kellner machen mich nervös.« Er lachte, dann sah er mich mit einem unanständigen Blick an.

»Pizza also? So appetitlich wie du aussiehst, würdest du in einer fettigen Pizzabude aber vollkommen fehl am Platz wirken.« Uh, hatte er gerade appetitlich gesagt? So hatte mich nun wirklich noch niemand genannt. Ich bemerkte, wie er seinen Blick über meine Erscheinung gleiten ließ und spürte Hitze in mir aufsteigen. Offenbar konnte Taylor auch ganz anders und ich musste sagen, das gefiel mir. Beim Anblick der Menüauswahl lief mir das Wasser im Mund zusammen, dieser Fluss wurde jedoch jäh gestoppt, als mir die Preise ins Auge fielen. Fünfundvierzig Mücken für ein Thunfischfilet, getrocknete Pilze und Kräuter?

Mein lieber Scholli! Und was bitte war gefrorenes Olivenöl? Da mich Taylor einlud, versicherte er, ich müsse mir über den Preis keine Gedanken machen.

Tat ich aber, unbewusst.

Schließlich bestellte ich Königslachs mit Waldpilzen, Kerbel und Reis, Taylor nahm geschmortes Rippenstück mit Backkartoffeln, Artischocken und Estragon. Während wir warteten, wurden uns Getränke gebracht und Taylor ließ es sich natürlich nicht nehmen, mir neben der Fanta auch einen edlen Tropfen bringen zu lassen. Ich mochte Rotwein ganz gern, ließ mir aber sagen, dass man zu Fisch trockenen Weißwein trank.

Also schenkte man mir ein und ich musste zugeben, dass er ausgesprochen gut mundete. Als plötzlich eine laute Stimme hinter meinem Rücken erklang, zuckte ich erschrocken zusammen. Ich wandte mich um und sah den Kellner entschuldigend lächeln, dann folgte ich seinem Blick hinauf zu einem Plasmafernseher an der Wand. Der Kellner hatte den Bildschirm eingeschaltet und minimierte nun eilig die Lautstärke.

Gezeigt wurde ein Footballspiel in der Liveübertragung.

»Sieh mal an«, sagte ich lächelnd und drehte mich wieder zu Taylor um.

»Sogar hier wirst du vom Football verfolgt.« Ich wollte unbeschwert klingen, doch am liebsten hätte ich den Kellner dafür erwürgt. Wie konnte er nur die Frechheit besitzen und ausgerechnet jetzt die Kiste einschalten?

Wusste er denn nicht, dass ich drei Wochen auf dieses Date gewartet hatte – und das ausgerechnet wegen Football? Es musste etwas in meiner Stimme mitgeschwungen haben oder mein Lächeln fiel nicht ganz echt aus, jedenfalls sagte er:

»Keine Sorge, ich werde kein einziges Mal hingucken.

Heute gehört meine Aufmerksamkeit ganz allein dir.« Oh, schweig still mein Herz. Was für ein Charmeur, dachte ich hingerissen.

Zwanzig Minuten später kam das Essen und Taylor hielt sein Versprechen, indem er den Blick nicht eine Sekunde von mir nahm.

***

»Das ist doch wohl ein Scherz«, sagte ich fassungslos und ließ langsam die Gabel sinken. Ich hatte gerade mal zwei Happen Fisch gegessen und gedacht, der Abend könne nicht besser laufen und jetzt das!

»Was ist?«, fragte Taylor und warf einen Blick über die Schulter, um meinen Augen zu folgen. Dann entdeckte er Jason und seinen Begleiter, die direkt auf uns zukamen. Er stöhnte auf und fragte:

»Hast du ihm etwa gesagt, dass wir hier sind?«

»Natürlich nicht«, antwortete ich entrüstet.

»Ich habe höchstens erwähnt, dass ich essen gehe.« Dann fiel es mir wie Schuppen von den Augen. Es gab nur eine Person, die ausgeplaudert haben konnte, in welchem Restaurant wir uns aufhielten.

»Vicky«, sagten wir beide aus einem Mund, dann stand auch schon Jason an unserem Tisch.

»Claire, Taylor, was für ein Zufall«, sagte er und setzte sich direkt neben unseren Tisch. Sein Begleiter, ich glaube, ich hatte ihn mal kurz auf der Strandparty gesehen, tat es ihm gleich.

»Ja, das ist tatsächlich ein Zufall!«, sagte ich wenig begeistert und warf Taylor einen entschuldigenden Blick zu.

»Nein, wirklich«, beteuerte Jason.

»Wir wollten gerade was trinken gehen, als der Kellner ein Schild mit der Aufschrift *Football Live-Übertragung* vor die Tür gestellt hat.« Ich wollte ihm erst nicht glauben, doch im nächsten Moment kamen drei weitere Männer hereinspaziert und setzten sich vor den Bildschirm. Das durfte doch alles nicht wahr sein! Der Spruch: Die Welt ist klein, passte hier gerade ziemlich gut.

»Und? Was macht *dein* Football?«, fragte er an Taylor gewandt und nahm eine Karte in die Hand.

»Bisher hatten wir keine Niederlage, also ganz gut. Mal sehen, wie lange unsere Glückssträhne anhält«, antwortete Taylor höflich. Er ist einfach zu nett, dachte ich mir, denn an seiner Stelle wäre ich überhaupt nicht auf Jasons Gerede eingegangen, sondern hätte ihn freundlich darauf verwiesen, ein paar Tische weiter Platz zu nehmen.

Gut, hätte ich wahrscheinlich nicht, denn das wäre ziemlich unhöflich gewesen, aber man durfte ja wohl noch träumen dürfen.

Ich dachte, das wäre es gewesen und unsere ungebetenen Gäste würden abziehen, doch als Jason von irgendwelchen *Yellow Socks* zu reden begann und Taylor darauf antwortete, waren sie, eh ich mich versah, in ein ausgewachsenes Gespräch verwickelt.

Ähm, moment mal. Was war gerade geschehen, dass sich Jason plötzlich mit meinem Date unterhielt?

»Wirklich? Na, wenn du das sagst. Du bist der Fachmann«, antwortete Jason auf etwas, das Taylor gerade argumentiert hatte.

Plötzlich zwinkerte mir Jason unauffällig zu und ich fragte mich ernsthaft, ob ich im falschen Film gelandet war. Ich meine, lag es am Wein oder hatte mich Jason gerade wirklich angeflirtet?

Und seit wann benahm er sich wieder so?

Als ich mich laut vernehmlich räusperte,

schien sich Taylor endlich daran zu erinnern, dass ich auch noch da war. »Wir sollten weiter essen, sonst wird es kalt«, verkündete er verlegen.

»Gute Idee«, sagte ich, während Jason zwei Bier bestellte. Tatsächlich war mir der Appetit aber längst vergangen, denn dazu ärgerte ich mich viel zu sehr. Ich meine, was bildete sich dieser Kerl eigentlich ein, zwischen meine Verabredung zu funken? Wie unverschämt konnte man denn sein? Wenn er sich schon wegen diesem blöden Footballspiel hier aufhalten musste, konnte er doch wenigstens den Anstand besitzen und sich woanders hinsetzen.

Da ich mich auch in der nächsten Minute nicht beruhigte und mein Gesicht allmählich die Farbe einer überreifen Tomate annahm, zog ich mich auf die Toilette zurück.

Dort angekommen, spritzte ich mir Wasser ins Gesicht und wartete, dass ich wieder meine natürliche Hautfarbe zurückerlangte.

Als ich sah, dass mir etwas Wimperntusche verlaufen war, kramte ich in der Handtasche herum, bekam aber alles, nur nicht die Tusche zu greifen.

»War ja klar, dass sie wieder ihren halben Schminkkasten einpackt«, murmelte ich und kippte den gesamten Inhalt auf der Waschbeckenablage aus. Ich hatte Vicky die Tasche vor zwei Tagen ausgeborgt und vergessen, sie vorhin zu entleeren. Entsprechend groß war nun der MakeUp-Andrang, der sich auf der Ablage tummelte.

Ich hatte das verschmierte Mascara gerade mit einem feuchten Tuch entfernt, als die Tür aufging und Jason hereinkam. Ich zuckte erschrocken zusammen, weil ich es schon gar nicht mehr gewohnt war, so von ihm erschreckt zu werden. Dann senkte ich langsam die Hand und sah ihn durch den Spiegel an.

»Was willst du?«, fragte ich böse blickend.

»Weißt du, dass du zum Anbeißen aussiehst?«, fragte er und lehnte sich mit verschränkten Armen an die Tür. Dabei ließ er seinen Blick lasziv über meinen Körper wandern. Appetitlich, zum Anbeißen.

Lag es am Kleid, dass mich plötzlich alle fressen wollten? Doch ich ließ mich von seinem anstößigen Gerede nicht aus der Fassung bringen, diesmal nicht!

»Ich wiederhole, was willst du?« *Und seit wann benimmst du dich wieder so?* Er seufzte, sichtlich enttäuscht, dass ich nicht darauf einging und kam zum Waschbecken. »Ihr scheint euch gut zu verstehen, du und Taylor«, bemerkte er. Ich lachte freudlos.

»Was soll das? Bist du jetzt mein Bruder?« Er zuckte die Schultern und lehnte sich wieder an die Tür.

»Ich will nur auf dich aufpassen und als dein guter Freund ...« Doch ich ließ ihn erst gar nicht ausreden.

Jason war wie ein Magier, den man nicht zu Wort kommen lassen durfte, weil er einen sonst in den Bann schlägt. Sobald man ihn sprechen ließ, hatte man schon verloren.

»Ob du's glaubst oder nicht, aber ich bin alt genug, um auf mich selbst aufzupassen.« Er lächelte matt.

»Du bist eine Anfängerin, Claire, und hoffnungslos naiv«, sagte er und begutachtete die immense Schminkauswahl zu meinen Händen. In seinem Gesicht sah ich deutlich die Frage stehen, seit wann ich mich für jemanden *so* zurecht machte. Gut so, sollte er ruhig sehen, was ihm entgeht.

»Naiv?«, fragte ich fassungslos und drehte mich nun zu seinem wahren Ich um.

»Ich weiß, du kannst nichts dafür«, sagte er amüsiert.

»Aber lass mich dir sagen, dass Taylor absolut nicht der Richtige für dich ist. Er hat so viele Verehrerinnen, dass er sich kaum retten kann. Früher oder später wird er dir nur das Herz brechen.«

»Weißt du, es ist ziemlich armselig, dass du automatisch davon ausgehst, alle Männer seien so wie du, Jason«, sagte ich und räumte die Utensilien eilig in meine Tasche. Ich stockte kurz und drehte mich zu ihm um. »Obwohl, das stimmt nicht. Eigentlich ist es bemitleidenswert.« Damit fuhr ich meine Aufräumaktion fort.

»Autsch«, sagte er gespielt und fasste sich an die Brust.

»So denkst du also über mich?« Ich lachte aus vollem Hals.

»Ich? So denkt die ganze Schule, jede Frau. Schau dich doch nur mal um.

Das Erste, was Vicky getan hat, als sie uns einander vorstellte, war, mich vor dir zu warnen. Deine beste Freundin. Findest du das etwa nicht traurig?«

Und dann tat ich etwas, das ich mir selbst nie zugetraut hätte. Ich ging zu ihm, legte ihm eine Hand auf die Wange, als wäre er ein Kind und sagte:

»Den einzigen Menschen, den du jemals lieben wirst, bist du selbst, Jason. Und deshalb tust du mir leid.« Ich schenkte ihm ein absolut ernstgemeintes mitleidiges Lächeln und schob ihn zur Seite, um die Damentoilette zu verlassen und war erstaunt, dass er mich kommentarlos passieren ließ.

Doch ich hatte mich zu früh gefreut, denn zwischen der Damentoilette und dem Restaurant war noch ein kurzer Gang und genau auf diesem holte er mich ein. Als sich eine Hand um meinen Oberarm legte, wirbelte ich herum und versuchte mich zu befreien, doch er gab nicht nach.

»Lass mich los«, verlangte ich.

»Jetzt warte doch mal«, sagte er und stellte sich vor die Tür, so dass mir der Weg wieder einmal versperrt war.

»Was du da eben gesagt hast, war sehr grausam, weißt du das?« Ich schnaubte.

»Tja, das nennt man Wahrheit, Jason. So oft, wie du den Leuten Gemeinheiten an den Kopf wirfst, müsste man meinen, du könntest das Echo ertragen.« Er starrte mich an und schien etwas sagen zu wollen, dann schüttelte er den Kopf.

»Ich hätte nicht gedacht, dass du so ein Giftpilz sein kannst«, sagte er lächelnd. Doch es wirkte irgendwie aufgesetzt. Es hatte nichts von seinem üblichen frechen Glanz.

»Was erwartest du denn? Erst tust du so, als würdest du dich für mich interessieren, dann willst du keine feste Beziehung, ignorierst mich und dann platzt du in mein Date rein, um es mir zu vermasseln. Was soll ich denn davon halten?

Ich glaube, du weißt selbst nicht, was du willst.«

Er wollte gerade antworten, als die Tür aufschwang und Taylor herein kam.

»Gibt es ein Problem?«, fragte er und heftete seinen Blick auf Jason.

Ich war froh über sein Erscheinen, denn er würde Jason davon abhalten, mich ein weiteres Mal am Gehen zu hindern – hoffte ich zumindest.

Jason starrte herausfordernd zurück, so dass ich mich ernsthaft fragte, was sein Problem war.

Er konnte mich nicht flachlegen, weil ich nicht der Typ dazu war, wollte aber auch nicht, dass es irgendjemand anderes tat? War er einer von dieser Sorte?

»Nein, kein Problem. Allerdings ist mir das Essen vergangen.

Gehen wir woanders hin«, sagte ich und schob mich an Jason vorbei.

Kapitel 31

Und wir gingen woanders essen, allerdings tauschten wir das Restaurant gegen eine einfache, aber gemütliche Pizzabude ein. Die Stimmung war allerdings geknickt, was hauptsächlich an mir lag, denn ich bekam Jason und sein merkwürdiges Verhalten einfach nicht mehr aus dem Kopf. Was war verdammt nochmal sein Problem?

Warum lauerte er mir bei meinem Date auf und spielte sich als meinen großen Bruder auf? War das seine Interpretation von Freundschaft? Als ob ich jemals auf diese Weise mit ihm befreundet sein konnte. Immerhin hatte ich ihn geküsst und ob betrunken oder nicht, aber ich küsste Leute nun mal nicht ohne Grund.

»Claire?«, unterbrach Taylor meine Gedanken.

»Hm?«, machte ich und stopfte die Pizzaecke lustlos in mich hinein.

»Hast du mir überhaupt zugehört?« Oh Gott. Jetzt blendete ich meine Begleitung auch schon wegen Jason aus. Das war doch verrückt. Sogar wenn er nicht anwesend war, funkte er uns noch dazwischen. Ich legte das angefangene Stück Pizza auf den Teller zurück und tupfte mit dem Finger auf dem Käserand herum.

»Tut mir leid, ich hab mich nur noch nicht abreagiert.« Er faltete die Hände zusammen, legte seinen Kopf darauf und beobachtete mich. Dann sagte er:

»Kann ich dich was fragen?« Oh oh. Das klang gar nicht gut.

»Klar«, sagte ich und nahm einen Schluck Fanta. Ich wusste, was er fragen wollte. Das musste ja irgendwann kommen.

»Warum regt dich Jason so auf? Kannst du ihn einfach nur nicht leiden oder liegt es daran, dass du was von ihm willst?«

»Wie bitte? War das gerade nicht deutlich genug? Ich will nichts von ihm. Andererseits würde ich ja wohl kaum hier mit dir sitzen oder?«, fragte ich zurück. Das war gelogen. Gott und wie das gelogen war. Aber was sollte ich denn machen? Ich wollte Taylor nicht verärgern, ich wollte, dass es mit ihm klappt und Jason, diesen Idioten vergessen.

»Ich mache dir keinen Vorwurf, wenn es so ist, immerhin hast du Jason und mich

zeitgleich kennengelernt und dadurch, dass er bei dir wohnt, verbringst du sehr viel Zeit mit ihm.
Ich werde dir also nicht unterstellen, dass du mit mir spielst oder so ... nur will ich wissen, ob meine Bemühungen nicht umsonst sind.« Sprachlos starrte ich ihn an. Umsonst? Mit ihm spielen?

»Taylor. Ich weiß nicht, wie du auf diese Idee kommst, aber ich will ganz sicher nichts von Jason.« Wäre ich Pinocchio, wäre meine Nase gerade um einiges länger geworden. Doch offenbar brauchte ich gar keine Holznase, Taylor durchschaute mich auch so.

»Bist du sicher? Denn sobald er in deiner Nähe ist, verhältst du dich anders.«

»Anders?«, echote ich.

»Naja«, sagte er und stocherte in der Pizza rum, als sei es ihm selbst unangenehm, das Thema anzusprechen, aber dringend nötig.

»Du bist immer so angespannt, gereizt und schusselig.«

»Schusselig?«, wiederholte ich stirnrunzelnd und an meinem Ton musste er gehört haben, dass ich kurz davor war, ungemütlich zu werden.

»Hör zu. Ich will mich nicht mit dir streiten. Um genau zu sein, wünsche ich mir sogar, dass es mit uns klappt. Du bist klug, hübsch, bodenständig, lustig, ein klein wenig zickig (dabei zwinkerte er spielerisch) und frech. Aber das Verhalten, das du bei Jason an den Tag legst, nun ja, genau so verhält man sich, wenn man in jemanden verschossen ist.« Ich wollte empört aufbegehren, doch er unterbrach mich.

»Warte. Ich will mich nicht mit dir streiten und schon gar nicht will ich, dass du dich dafür rechtfertigst, das ist nur meine Sichtweise. Aber wenn du es ernst meinst und es mit uns klappen soll, solltest du dir vielleicht erst über deine Gefühle für Jason klar werden.« Was sollte man darauf antworten? Er hatte direkt ins Schwarze getroffen und ich konnte ihm nicht einmal widersprechen - jetzt nicht mehr.

Er wusste es und vielleicht hatte er es sogar eher gewusst als ich. Taylor bot noch an, mich nach Hause zu fahren, aber ich sagte dankend ab. Alles, was ich jetzt wollte, war mit meinem Elend allein sein.

Er versicherte mir noch einmal, dass er mir nicht böse sei und sogar auf mich warten würde - was mir nur noch ein schlechteres Gewissen machte. Dann trennten wir uns. Schweren Herzens stieg ich in den Bus und fragte mich, wann es eigentlich so kompliziert geworden war und wie ich nur hatte zulassen können, dass sich Jason so in mein Leben einmischt.

Hätte ich Jason nicht kennengelernt, wäre ich jetzt vielleicht schon mit Taylor zusammen. Dann hätte ich einen Traumprinzen, der mich auf Händen trug, nett und ehrlich zu mir war und mich schätzte. Stattdessen hatte dieser eingebildete Idiot wieder die Jagd auf mich eröffnet.

Jetzt, wo er mitbekommen hatte, dass ich mich verabredete und offenbar doch interessant war! Was für ein Chaos.

***

Als ich die Wohnung betrat und meine Schuhe ausgezogen hatte, lief ich in die Küche und goss mir ein Glas Wasser ein, das ich in wenigen Zügen austrank. Dann trottete ich die Treppen hinauf und dachte, der alptraumhafte Abend wäre vorbei, doch als ich mein Zimmer betrat, saß

Jason auf meinem Bett. Ich stockte, warf einen Blick auf die Bierflasche in seiner Hand und trat dann vorsichtig ein. Ein betrunkener Jason auf Rachezug – keine gute Kombination. Erschöpft fuhr ich mir mit der Hand durchs Haar, dann sagte ich:

»Ich bin müde, Jason. Du kannst dir also jegliche Ansprache sparen.«

Zur Verdeutlichung hielt ich die Zimmertür auf, doch er rührte sich keinen Millimeter. Zu meiner Überraschung sah er aber auch gar nicht aus, als läge er es auf Ärger an.

»Stehst du auf ihn?«, fragte er unvermittelt. Das war doch wohl unfassbar.

»Raus!«, sagte ich mit Nachdruck, doch er machte eine beschwichtigende Geste.

»Nein, warte. Ich meine das ernst.«

»Ich auch, Jason. Raus.« Als er aufstand, dachte ich, er kommt meiner Aufforderung nach, doch das tat er nicht, stattdessen näherte er sich mir.

»Bitte. Kannst du nicht einfach darauf antworten?«

»Warum, Jason und was ist das überhaupt für eine bescheuerte Frage? Sehe ich aus, als würde ich mich zum Spaß mit jemandem verabreden?« Jetzt war er es, der sich durchs Haar fuhr und der matte

Blick, mit dem er mich maß, machte mich stutzig. Jason hatte mich schon auf jede erdenkliche Art angesehen, nur nicht so.

»Der Grund, aus dem ich frage, Claire, ist ...« und dann wurde mir klar, worauf er hinaus wollte und was der Ausdruck in seinen Augen zu bedeuten hatte. Warum er mir heute bei meinem Date dazwischengefunkt hatte.

»Nein«, sagte ich und trat mit erhobenem Finger zurück.

»Wage es ja nicht, Jason.« Doch weiter kam ich nicht, denn er umschloss meinen Finger, den ich auf seine Brust gerichtet hatte mit der Hand und wollte sich mir weiter nähern, doch ich wich aus.

»Tut mir leid, Claire, aber ich ...«

»Lass es, ich will nichts hören. Wie kannst du es wagen, jetzt anzukommen? Jetzt, wo ich mich mit Taylor verabrede. Was ist das für ein krankes Spiel?«

»Kein Spiel. Ich weiß, dass ich dir gesagt habe, dass ich nichts von festen Beziehungen halte, aber bei dir ... als ich dich und Taylor gesehen habe ...« Ich glaube, ich hatte Jason noch nie um Worte ringen sehen. Dennoch. *Er spielt nur mit dir. Hör nicht auf ihn*, redete ich mir ein. Doch beim Anblick seines intensiven Blickes wurde mir augenblicklich warm. *Nein, hör auf. Hör verdammt noch mal auf, so zu reagieren*, befahl ich meinem Körper. Ich durfte nicht zulassen, dass er weiter mit mir sprach und dass er mich um den Finger wickelte. Mir wurde nun klar, was Jason für einer war.

Gott, jetzt wurde es mir endlich klar. Ich fuhr herum und wollte aus dem Zimmer stürmen, als Jason blitzschnell hinter mich griff und die Tür zuwarf. Mein Gott, seine Reflexe waren immer wieder beängstigend.

»Warte, Claire. Lass es mich erklären. Bitte«, bat er, doch ich schüttelte stur den Kopf. Ich wich zurück, bis ich mit dem Rücken an die Tür stieß und Jason mir folgte.

»Stopp«, sagte ich, als er nicht mal mehr eine Armlänge von mir entfernt war und hielt ihn mit meinen Händen auf Abstand. Doch das Gefühl seiner harten Muskeln unter meinen Händen bestärkte meinen Willen nicht gerade. In diesem Moment sah ich ein, dass Taylor Recht hatte. Ich konnte nichts dafür, sobald Jason mich ansah, sobald er mich berührte, wurde ich schwach und es gab nichts, was ich dagegen tun konnte. Nur mein Verstand hielt mich noch davon ab, ihm nachzugeben.

»Warum jetzt, Jason?«, fragte ich unendlich müde. Müde von dem Gefühlschaos in meinem Innern und müde von seinen ganzen Spielchen.

»Weil an dem Spruch *Man weiß erst, was man hatte, wenn man es verloren hat* wohl doch etwas dran ist.«

»Du bist betrunken, Jason. Schlaf deinen Rausch aus«, sagte ich ungerührt, denn aus seinem Mund klangen die Worte einfach nur falsch. So war Jason nicht, so redete er nicht, er spielte mir etwas vor und das ausgesprochen überzeugend. Ich meine, mal angenommen, ich würde ihm glauben. Was würde er dann wohl tun?

Sich lachend in seinem Zimmer verkriechen, mich auf seiner Liste für leichtgläubige Mauerblümchen abhaken oder triumphierend einen von der Palme wedeln? »Ich bin nicht betrunken«, wehrte er kopfschüttelnd ab.

»Wie auch immer. Es ändert nichts daran, Jason. Ich habe mich bereits für Taylor entschieden.« Er sah mich lange an, dann fragte er:

»Seid ihr zusammen?«

»Nein, verdammt, sind wir nicht«, sagte ich aufgebracht und stieß ihn von mir.

»Genau genommen hat er gesagt, er fängt nichts Ernstes an, bevor ich die Sache nicht mit *dir* geklärt habe.« Er sah mich vollkommen verblüfft an.

»Das hat er gesagt?«

»Aber das spielt sowieso keine Rolle mehr. Denn die Sache *ist* geklärt. Ich entscheide mich für Taylor.« Seine Augen bekamen einen gefährlichen Glanz, als er sagte:

»Tut mir leid, aber das kann ich nicht akzeptieren. Ich glaube dir kein Wort.«

»Jason«, sagte ich erschöpft.

»Das mit uns würde nie klappen.« Er sah mich mit großen Augen an.

»Und warum nicht?«

»Weil dir etwas ganz Entscheidendes fehlt, Vertrauen. Denn *ich* traue dir nicht, kein bisschen.« Als die Eingangstür ins Schloss fiel, zuckten wir beide zusammen.

»Bin daha, wer nohoch?«, rief Vicky vom Eingang. Jason und ich sahen uns wieder an.

»Ich meine es ernst, Claire, und ich werde es dir beweisen.« Damit zog er sich aus meinem Zimmer zurück. Ich hörte, wie er die Treppe hinunterlief und Vicky im

Vorbeigehen grüßte, dann stand sie auch schon in der Tür.
»Ist alles in Ordnung?«, fragte sie und sah noch einmal in den Flur.
»Ich dachte, du hattest ein Date mit Taylor?«
»Hatte ich auch«, antwortete ich und ließ mich aufs Bett fallen. Dann klopfte ich auffordernd neben mich.
»Komm, ich erzähl's dir.«

***** Ende *****

Liebe Leserin, Lieber Leser,

wenn Ihnen mein Roman gefallen hat, würden Sie mir mit einer kurzen Rezension einen großen Gefallen tun. Ihre Empfehlung unterstützt nicht nur mich als unabhängigen Autor, sondern ist auch eine wichtige Hilfe für mögliche weitere Leser.

Wenn Sie Fragen oder Anregungen zu meinen Romanen haben, können Sie mich gerne über meine Website oder Facebook kontaktieren.
Ich freue mich immer, von meinen Lesern zu hören.

Hier finden Sie mich

http://www.mirandajfox.com/

https://www.facebook.com/pages/Miranda-J-Fox/685559378142580

Weitere Bücher und E-Books von mir

Love and Fire – Sammelband (Teil 1&2)

Als Emma von ihrem Freund betrogen und kurz darauf verlassen wird, beschließt sie mit ihrer Freundin ins Haus der Versuchung zu gehen, einer Mischung aus Diskothek und Swingerclub, um ihr Selbstwertgefühl aufzubauen. Emma hat nur grobe Vorstellungen von dem, was sie erwartet, doch sicher rechnet sie nicht damit, dem begehrtesten Junggesellen der Stadt über den Weg zu laufen. Mit seiner anziehenden geheimnisvollen Art gelingt es ihm, Emma zu verführen, und alles könnte perfekt sein. Würde nicht plötzlich sein ebenso attraktiver Bruder auftauchen und James dunkle Vergangenheit aufdecken.

Dieser Sammelband beinhaltet den ersten und zweiten Teil der prickelnden und spannenden Erotik-Reihe.

Leseprobe

Kapitel 1

»Und wir wollen das wirklich tun?«, fragte Emma, als sie vor dem Lokal standen. Sie war noch nie in einem Swingerclub gewesen und es war auch nicht ihre, sondern Rachels Idee gewesen. Nachdem ihr Freund sie betrogen und kurz darauf verlassen hatte, um mit einer heißen vollbusigen Freundin durchzubrennen, war Emma in Selbstzweifel versunken. Rachel hatte ihr ganze zwei Monate zureden müssen, um ihr Selbstwertgefühl so weit aufzubauen, dass sie sich wieder im Spiegel betrachten konnte.

Noch einen Monat später war sie wieder ausgegangen, doch Rachel war der Meinung, dass sie etwas Neues brauchte – ein Abenteuer. Und so hatte sie ihr vorgeschlagen, in einen Swingerclub zu gehen. Emma war anfangs entrüstet gewesen, doch nachdem Rachel von ihren sexuellen Affären schwärmte, hatte sie immer mehr das Verlangen gespürt eigene Erfahrung zu sammeln. »Und wehe du schummelst«, mahnte Rachel sie zum gefühlt hundertsten Mal und gab ihr eine Maske. Seit sie aus dem Auto gestiegen waren, hatte Emma den Blick gesenkt halten müssen, damit sie nicht den Clubnamen ablesen konnte.

Es sollte eine Überraschung sein. Sie setzten ihre Masken auf, um anonym zu bleiben und gingen weiter.

»Mach ich nicht, aber deine Geheimniskrämerei macht mich langsam nervös«, antwortete Emma.

»Es ist völlig normal, dass du nervös bist. Ich hab das schon oft gemacht. Glaub mir, danach fühlst du dich wie neu geboren.« Nachdem sie an den Türstehern vorbei waren, kamen sie in einen Vorraum, wo sie ihre Garderobe abgaben. Eine aufreizend gekleidete Empfangsdame legte ihnen Chip-Armbänder um, mit denen sie Getränke und Essen bezahlen konnten. Der Endbetrag würde dann anschließend am Check-out beglichen. Ihre Mäntel und Handtaschen mussten sie abgeben, da andernfalls nicht für private Gegenstände gehaftet wurde, sowie ihren Personalausweis.

Schließlich gab man ihnen einen Flyer als Übersicht für die Bereiche und verwies sie auf die Eingangstür zum Club. Als Emma den Flyer genauer betrachtete, machte sie große Augen. Es gab sechs Bereiche: darunter eine Sauna, einen Darkroom, Hygieneräume und den Club selbst.

»Haus der Versuchung?«, las sie ungläubig vor, als ihr der Name des Clubs ins Auge fiel.

»Etwa *das* Haus der Versuchung? Der Club von James Carter?« Als Rachel nickte, fiel Emma beinahe aus den Socken. James Carter war der begehrteste und wohlhabendste Junggeselle der Stadt. Als er das 21. Lebensjahr erreichte, erbte er ein Vermögen, welches er anfangs in Stripclubs investierte. Ein Jahr später gründete er eine Dating-Firma, die sich eigens mit der Verkupplung von Prostituierten und deren Kunden befasste. Und zwei Jahre darauf eröffnete er das *Haus der Versuchung*, eine Mischung aus Swingerclub und Diskothek.

Mit seinen heute gerademal vierundzwanzig Jahren war James der reichste Junggeselle der Stadt und die Frauen lagen ihm in Scharen zu Füßen.

»Überraschung!«, sagte Rachel und zog sie durch den Vorraum direkt auf die Tanzfläche.

Der erste Bereich war ein gewaltiger luxuriöser Dancefloor. Es gab drei Bars, eine große spiegelnde Tanzfläche, auf der sich unzählige Menschen tummelten, und flackerndes Discolicht, welches von der Decke strahlte.

Die Elektromusik wummerte von den Seitenboxen auf sie ein, und als Rachel den befremdenden Gesichtsausdruck ihrer Freundin sah, lachte sie.

»Etwas anders, als du dir vorgestellt hast, oder?«

»Allerdings«, sagte Emma und schaute sich weiter um. Das Publikum war bunt gemischt. Neben den überwiegend jungen Gästen machte sie auch ältere Menschen aus. Viele trugen Masken, aber es waren auch einige dabei, die ihr Gesicht offen zeigten. Auch die Kleiderwahl war völlig unterschiedlich. Während manch einer gewöhnliche Straßenkleidung trug, waren einige in karnevalähnlichen Kostümen gekleidet und wieder andere trugen Reiz- oder Themen-Wäsche. Es war ein bunt gemischter Anblick.

Nachdem die Freundinnen eine Weile getanzt hatten und bereits von den ersten Interessenten angesprochen wurden, begaben sie sich an eine Bar und bestellten Cocktails.

»Wenn du etwas brauchst, das deine Hemmschwelle sinken lässt, ist Alkohol genau das Richtige«, sagte Rachel und nippte an ihrem Glas. Sie hatten sich Masken aufgesetzt, die ihre Gesichter nur bis zur Nase verdeckten, sodass sie ungehindert trinken und essen konnten.

»Was? Ist das etwa das große Geheimnis deines unerschütterbaren Selbstbewusstseins? Alkohol?«, fragte Emma lachend.

»Und die hier«, sagte Rachel und hielt ihr eine Pille vors Gesicht, die sie aus der Brusttasche ihres hautengen Kleides genommen hatte.

Emma sah sie entgeistert an.

»Du nimmst Drogen?« Rachel machte eine wegwerfende Handbewegung.

»Mach dich nicht lächerlich. Das ist eine Pille, dessen Wirkstoff dich so richtig in Fahrt bringt. Ich nenne es, das weibliche Viagra.« Sie hielt ihr die Pille auffordernd hin und Emma nahm sie.

»Aber es ist keine Droge«, vergewisserte sie sich.

»Ich schwöre es«, sagte Rachel und Emma glaubte ihr. Sie waren seit zehn Jahren befreundet und Rachel hatte sie noch nie angelogen. Emma konnte ihr also vertrauen. Sie prosteten sich zu und bestellten gleich noch eine Runde. Eine halbe Stunde später war Emma schon leicht angeheitert und allmählich bekam sie die Wirkung der Pille zu spüren.

»Also Süße«, sagte Rachel und gab ihrer Freundin einen Kuss auf die Wange.

»Es gibt hier nur eine Regel und die lautet: Lass dich fallen. Wir sehen uns um zwei am Check-out.«

»Wir trennen uns?«, fragte Emma verwirrt. Rachel lachte.

»Was dachtest du denn? Soll ich dir etwa bei deinen Vergnügungen zusehen?« Sie ließ Emma allein und verschwand mit einem jungen Mann, der sie an der Hand gepackt hatte und von der Tanzfläche zog. *Okay, bloß keine Panik!*, ermahnte Emma sich und lief zum nächsten Bereich. Eigenartigerweise verspürte sie wirklich keine Angst, bloß ein leichtes Kribbeln im Bauch – musste wohl am Alkohol liegen. Sie kam in einen Gang, der in einem düsteren Rot leuchtete und mit weichem rotem Teppich ausgelegt war. An jeder Seite reihten sich mehrere Türen, dessen Fassade mit anzüglichen, aber kunstvollen Bildern bemalt war. Kein Zweifel, sie befand sich im Sexbereich!

Eine nackte ältere Frau kam ihr entgegen und zwinkerte ihr zu. Kurz bevor sie Emma erreichte, verschwand sie in einer Tür. Emma hielt ihr Ohr dagegen und hörte kurz darauf lustvolle und stöhnende Geräusche.

Ein Prickeln breitete sich in ihrem Unterleib aus, als sie sich vorstellte, was dort hinter verschlossener Tür vonstattenging. Sie lief weiter, bog um die Ecke und gelangte in einen breiten viereckigen Gang, auf dessen Seite sich jeweils eine Tür befand. Am Abstand der Türen konnte sie erkennen, dass diese Räume um einiges größer waren als im ersten Gang. Auf einem Schild las sie

Gruppensex, auf dem anderen *Darkroom*. Sie ging weiter und kam in einen Gang, indem sich Dutzende Frauen drängelten. Sie alle schauten gebannt in einen offenen Raum, doch konnte Emma nicht sagen, was dort vor sich ging, weil ihr die vielen Köpfe die Sicht versperrten.

»Wer möchte als Nächstes auf die Bühne?«, erklang eine männliche Stimme durch ein Mikrofon. Aufgeregtes Gekreische erklang und Emma sah, wie sich einige Frauen verbissen vordrängelten. Emma wurde neugierig und schob sich an der Schar aufgeregter Damen vorbei. Als sie den Raum betrat, blieb sie überrascht stehen.

Der Raum war von hohen Decken gesäumt und hatte wunderschönen Stuck an den Wänden. In den Ecken standen weibliche Skulpturen und die Wände waren in einem hellen Creme gestrichen. In der Mitte des kleinen Saals war eine Bühne aufgebaut, auf der sich ein prunkvoller Sessel befand. Hinter dem Sitz waren gläserne Vitrinen aufgebaut, die so stark funkelten, als wären sie stundenlang poliert worden.

Die Vitrinen waren, soweit Emma sehen konnte, mit ein und demselben Parfüm bestückt, welches es in verschiedenen Farben und Größen gab. Das musste die *James Carter Woman Collection* sein. Die hatte sie schon oft in der Werbung gesehen – verdammt teuer das Zeug! Während sich Emma weiter zur Bühne vorkämpfte, um besser sehen zu können, registrierte sie, wie voll der Raum war.

Die weiblichen Zuschauerinnen drängten aber nicht nur in den Eingang. Sie standen auch vor der Bühne und schubsten und drängelten, was das Zeug hielt, nur um dem Moderator so nahe wie möglich zu sein. Er sah gut aus, hatte rostbraunes ordentlich gestriegeltes Haar und ein junges hübsches Gesicht.

Er pries die neue Parfümserie mit einer Begeisterung an, als würde sein Leben von dem Verkauf abhängen, und das überzeugte Publikum schien es kaum erwarten zu können, Geld dafür auszugeben. Emma hatte es geschafft sich bis zum Podium vorzukämpfen, da erklang ein plötzlicher Trommelwirbel.

»Ladys! Begrüßen Sie unseren heutigen Ehrengast, den unglaublichen … James Carter.« Emma sah überrascht zur Bühne auf und musste sich gleichzeitig die Ohren zuhalten, so laut kreischten die Frauen. Es war, als befände sie sich auf einem Teeniekonzert. Als James charmant lächelnd die Bühne betrat, musste Emma schlucken.

Nicht nur, dass sie es kaum glauben konnte, ihm jemals persönlich zu begegnen, er sah live sogar noch besser aus als auf den Titelzeitschriften. Er hatte pechschwarzes Haar, das gewollt wirr nach oben gestylt war.

Es war diese typische Männerfrisur, die nur Models tragen konnten, ohne überstylt auszusehen – an ihm sah es fantastisch aus. James war groß und schlank, dennoch zeichneten sich unter seinem weißen Hemd deutlich Muskeln ab.

Er trug eine todschicke und wahrscheinlich ungeheuer teure Designerhose und glänzend schwarze Schuhe.

Sein ganzes Auftreten versprühte Reichtum und Macht. Er stank geradezu danach. Einige Damen streckten die Arme zu ihm rauf, um ihn zu berühren, und die, die er berührte, erlitten beinahe einen Zusammenbruch, so entzückt waren sie. Emma schüttelte den Kopf. Ja, er sah unverschämt gut aus und ja, jede Frau ließ sich gern von seiner charmanten Art umgarnen, aber mal

***

ehrlich! Sie sprachen hier von James Carter, dem Casanova Nummer eins! Natürlich hatte er nur Spaß im Sinn. Moment mal! War sie nicht genau deswegen hier?

Um Spaß zu haben? Jemand rempelte sie an und Emma stolperte gegen das Podest. Dabei fiel sie so unglücklich, dass sie sich mit dem gesamten Oberkörper darauflegte. Sie wollte sich mit einer schnippischen Bemerkung zu der Missetäterin umdrehen, als die Stimme des Moderators im Mikrofon erklang.

»Na, da ist aber jemand eifrig. So viel Ehrgeiz muss doch belohnt werden. Komm doch bitte auf die Bühne.« Wer? Sie? Als sie verständnislos zu ihm aufsah und nicht reagierte, packte er sie kurzerhand unter dem Arm und zog sie hinauf.

Dann drehte er die vollkommen verblüffte Emma zu den Zuschauerinnen und gab das Mikro an James weiter. Jetzt, wo sie die Menge im Blick hatte, fiel ihr auf, wie spärlich bekleidet die Frauen waren. Sie hatte schon gedacht, ihr Outfit wäre knapp, doch andere Frauen trugen gerademal genug, um den Schambereich und die Brustwarzen zu bedecken und sonst nichts.

Gut, das hier war auch mitunter ein Swingerclub, da war solch knappe Bekleidung natürlich nicht unüblich. Für James musste es jedenfalls ein Traum sein, hier auf der Bühne zu stehen.

»Und wen darf ich meinen Gästen vorstellen?«, fragte dieser und trat neben sie. Als Emma zu ihm aufsah, registrierte sie ein leichtes Schwindelgefühl im Kopf und fragte sich, ob es an James Wirkung oder am Alkohol lag.

»Emma … ich meine Jessica«, korrigierte sie. *Konzentrier dich Emma! Oder willst du ihnen auch gleich noch deinen Nachnamen verraten?*, schalt sie sich in Gedanken. James sah belustigt zu ihr herunter und sein Lächeln traf sie wie ein Schlag. Sie konnte sich nicht vorstellen, dass es auch nur eine Frau auf der Welt gab, die sich nicht davon verzaubern ließ.

»Jetzt bin ich verwirrt. Wie heißen Sie nun?

Emma oder Jessica?«

»Jessica, mein Name ist Jessica«, sprach Emma ins Mikrofon und zupfte ihre Maske zurecht. Sie wollte um jeden Preis unerkannt bleiben und die Bühne am besten so schnell wie möglich verlassen.

»Nun, Jessica.« Er nahm ihre Hand und führte sie an seinen Mund. Als seine weichen Lippen sie berührten, konnte Emma ein Schaudern nicht unterdrücken. Und vielleicht kam es ihr nur so vor, aber der Kuss schien feuchter auszufallen, als üblich war. James lächelte verschmitzt, als sei er sich seiner Wirkung bewusst und führte sie zum Sessel.

Emma nahm Platz und beobachtete, wie er zu den Vitrinen ging und ein rosa Fläschchen herausnahm. Emma atmete tief durch und wischte sich den Schweiß von der Stirn. Etwas stimmte nicht mit ihr, sie fühlte sich so eigenartig. Als James wiederkam, hielt er das rosa Fläschchen in die Höhe, sodass es für die Gäste gut sichtbar war. Oh's und Ah's erklangen und die Damen drängten noch weiter an die Bühne.

»Mein treuer Assistent hat Ihnen meine Kollektion bereits vorgestellt, nun sollen Sie sich aber auch selbst von dem berauschenden Duft verführen lassen. Unsere Jessica wird die Ehre haben, mein Parfüm als Erste zu testen.«

Daraufhin erklang weniger begeisterter Applaus und in einigen Gesichtern sah Emma den puren Neid stehen. Herrgott! James öffnete das Fläschchen, trat an ihre Seite und sprühte etwas auf ihren Hals und Dekolleté.

Emma musste zugeben, dass das Parfüm wirklich wunderbar roch. Sie schloss die Augen und sog den Duft ein, dann registrierte sie ein leichtes Kitzeln am Hals. Erschrocken öffnete sie die Augen und bemerkte, dass James seine Nase an ihren Hals gelegt hatte und tief einatmete.

»Hmmm«, machte er und seine tiefe Stimme, so dicht an ihrem Ohr, brachte Emma zum Schaudern.

Ein wohliges Prickeln breitete sich in ihr aus und sie konnte nur mit Mühe einen lustvollen Laut unterdrücken. War das etwa die Wirkung der Pille, die nun einsetzte?

»Spiel mit«, raunte er ihr zu und zog sie von dem Sessel hoch. Emma war überrascht, aber auch dankbar, dass er ihr aufhalf. Sie hatte das Gefühl, dass ihre Knie jeden Moment nachgaben, konnte aber nicht sagen, ob es an seiner Berührung oder dem Schwindel lag.

»Schließ die Augen«, sagte er und legte ihren Kopf nach hinten. Emma wusste nicht, ob das so eine gute Idee war, gehorchte aber. Immerhin war es seine Show und die wollte sie nicht ruinieren, indem sie sich sträubte. Außerdem handelte es sich hier nicht um irgendeinen Mann, sondern um James Carter persönlich! Sie würde wahrscheinlich noch wochenlang von seinen Berührungen träumen.

Er stellte sich hinter sie und fuhr mit einer sanften Bewegung seiner Hand durch ihr Haar.

Emma schlug die Augen auf und wollte sich ihm zuwenden, doch die andere Hand legte er um ihre Taille, sodass sie sich nicht umdrehen konnte.

»Spiel mit«, sagte er noch einmal und seine Hand fuhr unablässig weiter durch ihr Haar. Er drehte ihren Kopf zur Seite und legte ihre Haare nach hinten, sodass ihr Hals entblößt war.

Emma fiel auf, dass es außerordentlich still im Saal geworden war.

»Sehen Sie, wie berauschend das Parfüm ist?«, erklang die Stimme des Moderators durch das Mikrofon.

»Lassen auch Sie sich von Carters Düften verführen.« Als aufgeregtes Kreischen erklang, linste Emma durch halb geöffnete Augen und sah, wie der Moderator mehrere Fläschchen in die Menge warf. Währenddessen ging James Hand zielstrebig ihren Bauch hinab und unter ihr Kleid, bis er ihr Höschen berührte. Emma wollte ihm Einhalt gebieten, wollte ihn zurückweisen, doch seine sanften Berührungen lähmten sie.

Es war ihr egal, dass sie Dutzende Zuschauer hatten, es war ihr egal, wie frivol ihr Verhalten war. Sie wollte einfach nur berührt werden und alles um sich herum vergessen. Sein Mund wanderte ihren Hals entlang und bedeckte sie mit hauchzarten Küssen.

Emma biss sich auf die Unterlippe und schmiegte sich an seinen Körper. Daraufhin ließ er ein tiefes Seufzen hören und seine Finger glitten zwischen ihre Beine.

Als er sie dort berührte, musste Emma so laut keuchen, dass sie aus ihrer Fantasie gerissen wurde. Sie schlug die Augen auf und starrte in die Augen der Zuschauer.

Der gesamte Saal war still und die Augen der Frauen neugierig auf sie gerichtet.

Emma war, als erwachte sie aus einem tiefen Traum.

Hatte sie sich das gerade eingebildet? Sie schaute an sich herab und sah, dass James Hand immer noch auf ihrem Bauch lag, jedoch nicht tiefer gewandert war. Und auch sein Mund berührte ihren Hals nicht. Sie musste wirklich fantasiert haben. Wie peinlich!

»Entschuldigen Sie«, murmelte Emma und befreite sich aus seinem Griff.

Sie sah noch, wie er ihr ein verschmitztes Lächeln zuwarf und kletterte von der Bühne. Was hatte ihr Rachel da bloß gegeben?

Emma drängte sich zwischen die Zuschauerinnen und lief Richtung Tür. »Wer möchte die Nächste sein? Wer möchte sich ebenfalls von Mr. Carters Düften berauschen lassen?«, erklang die Stimme des Moderators.

An der Tür angekommen, drehte sich Emma noch einmal um.

James Blick war immer noch auf sie gerichtet und etwas an seinem Blick war anders, als hätte sie sein Interesse geweckt. Gott, sie musste hier weg, bevor sie noch auf dumme Gedanken kam.

3606607R00210

Printed in Germany
by Amazon Distribution
GmbH, Leipzig